A

GENEALOGICAL REGISTER

OF THE INHABITANTS OF THE

Town of Litchfield, Conn.

FROM THE SETTLEMENT OF THE TOWN, A. D. 1720, TO THE YEAR 1800
WHEREBY ONE KNOWING HIS FATHER'S NAME, MAY PERHAPS
ASCERTAIN WHO WERE SOME OF HIS ANTECEDENT PRO-
GENITORS. COLLECTED FROM THE RECORDS
OF SAID TOWN, PROBATE RECORDS OF
WILLS, DISTRIBUTIONS, ETC., AND
FROM OTHER SOURCES

BY

GEORGE C. WOODRUFF

1845

COMPARED WITH
TOWN RECORDS OF BIRTHS, MARRIAGES, AND DEATHS, AND WHEN
CORRECTED THE ENTRIES CHECKED. — G. C. W., MAY, 1865

CLEARFIELD

Originally published
Connecticut, 1845

Reprinted for
Clearfield Company, Inc. by
Genealogical Publishing Co., Inc.
Baltimore, Maryland
1997, 1999, 2002

International Standard Book Number: 0-8063-4667-1

Made in the United States of America

So many inquiries have been received in regard to the names contained in this "Register," and it has been personally examined so often, that I have had it printed, in order that the record may be the better preserved, and the information therein contained be more accessible, to those interested.

GEORGE MORRIS WOODRUFF.

LITCHFIELD, CONN., January, 1900.

EXPLANATIONS (G. C. W.)

* Denotes a Governor.

† Judge of Superior or Supreme Court.

‡ Judge of Common Pleas or County Court.

§ Judge of Probate.

Y State Senator.

‖ Representative in State Legislature.

× Clerk of Superior and County Courts.

+ Sheriff.

÷ Town Clerk.

: United States Senator.

:: United States Representative.

∨ Postmaster.

GENEALOGICAL REGISTER.

ADAMS, SAMUEL, a native of Milford, Conn.; removed to Stratford, Conn. Lawyer and Judge of Fairfield County Court, removed to Litchfield late in life, and died there, Nov. 12, 1788, in his 85th year, he married Mary Fairchild, daughter of Zachariah Fairchild of Stratford, who was born May 7, 1698, and died Aug. 29th, 1803, in her 106th year.

† ‖ ADAMS, ANDREW, son of Samuel, was born in Stratford, Ripton Society (Huntington), in 1735. He practiced law in Litchfield; was Member of Congress, Chief Justice of the Superior Court, and died in Litchfield Nov. 27, 1797, in his 63d year. He married Eunice ————, who died June 4, 1797, aged 51. They had Andrew, Jr., who died in 1806; Samuel, who died single; Elijah, removed to Geneva, N. Y.; Eunice, who married ———— Masters; Polly, who married Nathanial Lamson, and had triplets; and Lydia, who married Elias Cowles of Farmington, who became a merchant in Litchfield; they had one son, Hon. Edward Cowles, who was Judge of Marine Court in New York. (Mem. by G. C. W. not of record.)

ADAMS, ANDREW, Jr. of Andrew, m. Annis Canfield of Sharon, Conn., April 25, 1785.

> Cornelia, b. Feb. 16, 1786; m. Doct. Tomlinson of Rinebeck.
> Maria C., b. Dec. 27, 1787; m. Henry F. Tallmadge.

ADAMS, JOSEPH, from Roxbury, Mass., b. July 11, 1767; d.

July 14, 1856; m. Deborah Marsh Jan. 26, 1792; she d. July 28, 1857.

Sally, b. Nov. 26, 1792; m. Tracy Peck.

Henry, b. Aug. 18, 1794; m. Mary Fairchild.

Betsey, b. Oct. 31, 1796; m. James May.

Amos, b. Aug. 13, 1798; m. Eliza A. Dean; m. Clara Stuart.

John M., b. April 16, 1801; m. Sarah S. McMurphy.

Charles, b. May 18, 1805; m. Jane C. Hinman; m. Julia M. Hinman.

Kezia, b. March 19, 1811; m. Henry W. Rogers.

William T., b. Oct. 13, 1814.

ADDIS, THOMAS, from Durham, m. Abigail DeWolf, Oct. 1, 1790; she d. April 14, 1813.

Otis, b. March 26, 1791.

Emily, b. March 28, 1792.

Chester, b. Nov. 16, 1793.

Samuel, b. April 10, 1794 (Qu. 1795).

Almira, b. April 11, 1796.

Abigail D., b. Oct. 8, 1800.

Sarah, b. April 20, 1801 (Qu. 1802).

Thomas, b. March 16, 1803.

William, b. Nov. 8, 1804.

George, b. May 1, 1806.

Lyman, b. Feb. 8, 1808.

Seth, b. Dec. 9, 1810.

Mary Ann, b. Sept. 14, 1812.

m. Lucy Pelton, Nov. 27, 1814.

AGARD, JOHN, m. Mary Hosford, Nov. 28, 1745; she d. May 29, 1807, in her 92d year.

Joseph, b. Aug. 17, 1746.

Hannah, b. Aug. 22, 1748.

Anne, b. Oct. 17, 1750.

Judah, b. Aug. 15, 1753.

Noah, b. May 3, 1756.

AGARD, JAMES, m. Elizabeth.

    Abigail, b.   ; d. March 30, 1843.

    Salmon, b. Sept. 9, 1744.

    Elizabeth, b. March 19, 1746/7.

    Chloe, b. Dec. 21, 1748.

    Sarah, b. April 9, 1753.

AGARD, HEZEKIAH, m. Abigail Deman, Dec. 17, 1751.

    Mehetabel, b. Nov. 5, 1752.

ALLEN, SAMUEL, from Braintree, Essex County, England; came to Cambridge, Mass., 1632; removed to Connecticut, 1635; settled in Windsor; brother of Col. Matthew and Deacon Thomas; died April 28, 1648. He married Ann ————; they had

    Samuel.

    Nehemiah.

    John.

ALLEN, NEHEMIAH, of Samuel; d. 1684; m. Sarah Woodford, 1664.

    Samuel, b. 1665; removed to Deerfield and Coventry, Conn.

ALLEN, SAMUEL, of Nehemiah; m. Mercy,   ; she d. Feb. 5, 1727/8.

    Daniel.

    Nehemiah.

    Lydia.

    Joseph.

    Ebenezer.

    Mary

ALLEN, DANIEL, of Samuel; m. Mary Grant, April 28, 1737.

    Mercy, b. June 24, 1737/8.

    Elihu, b. May 4, 1739.

    Azubah, b. May 8, 1741.

    Gabriel.

Daniel.

Mercy.

ALLEN, JOSEPH, of Samuel; m. Mary Baker, March 11, 1736/7, daughter of Remembrance Baker.

> Ethan, b. Jan. 10, 1737/8, at Litchfield; d. Feb. 13, 1789.
> Heman, b. Oct. 15, 1740, at Litchfield.
> Lydia, b. April 6, 1742, at Cornwall.
> Heber, b. Oct. 6, 1743, at Cornwall.
> Levi, b. July 16, 1745, at Cornwall.
> Zimri, b. Dec. 10, 1748, at Cornwall.
> Ira, b.   , 1752, at Cornwall.
> Lucy, b. April 2, 1747.

ALLEN, CORNELIUS, m. Martha.

> James, b. Sept. 30, 1735.

ALLEN, NATHANIEL, m. Esther.

> Hervey and Rachel, b. Jan. 22, 1770.

ALLEN, DAVID, m. Ruth Humiston, Nov. 25, 1773.

|| :: ALLEN, JOHN, b. June 12, 1763; from Great Barrington, Mass.; m. Ursula McCurdy and had John W. of Cleveland, Ohio, Ursula, and Sarah. He was born in Great Barrington; had no brother and one sister, who married Hon. Elizur Goodrich of New Haven. He read law with Judge Reeve and commenced practice in Litchfield in 1785 or 6; member of Legislature and of Congress. He was about six feet six inches tall and weighed nearly 300 pounds.

ALLEN, JOSEPH, m. Anne.

> Nathan, b. Oct. 23, 1781.
> Anne, b. Dec. 31, 1783.
> Elizabeth, b. Oct. 23, 1785.

Lucy, b. Dec. 24, 1788.

Polly, b. April 19, 1792.

ALLEN, ORLO, m. Polly Griswold, April 18, 1799.

Sally B., b. April 23, 1800.

ALVORD, ASAHEL, m. Rachel.

Thos. Gould, b. March 1, 1741/2.

AMES, BENJAMIN, from New Haven; m. Anne Culver, Aug. 2, 1774.

AMES, CHENEY. (This family removed to Harwinton.) Married Hannah Rowleson, Feb. 23, 1775.

Leonard, b. April 25, 1776.
Hannah, b. April 16, 1779.
Samuel, b. June 2, 1782.
John, b. Feb. 3, 1784.
Robert, b. Dec. 20, 1787.
Ansel, b. Jan. 16, 1791.
Cheney, b. Sept. 23, 1792.

AMES, LEONARD, m. Minerva Peck, Jan. 1, 1796.

Orson, b. Oct. 25, 1798.

ATWATER, ABEL, m. Elizabeth Peck, May 15, 1776.

Cornelius, b. Sept. 21, 1777.
Elizabeth, b. July 21, 1779.
Mary, b. Sept. 16, 1781.
Bethiah, b. July 11, 1785.
Chauncey, b. Dec. 14, 1788.
Sally, b. Nov. 23, 1790.
Thale, b. Feb. 10, 1793.
Almira, b. March 4, 1796.

BACON, ASA, from Canterbury, 1807; d. New Haven, Feb. 5, 1857, aged 86; m. Lucretia Champion, daughter of Hon.

Epaphroditus Champion; she d. Jan. 19, 1882, aged 98 years 11 months; three daughters died in infancy.

Epaphroditus Champion, b. 1810; d. at Seville, Spain, ae. 34.

Frederick A., b. 1813; lost in Sea Gull off Cape Horn, 1839.

Francis, b. Jan. 1820; m. Elizabeth Dutcher. He d. 1849; had daughter Katherine.

BACON, EBENEZER, m. Martha.

Thomas, b. Aug. 21, 1773.
Sabra, b. March 11, 1777.

BAKER, JACOB (was dead in 1785); m. Mary Kilborn, March 11, 1773.

BALDWIN, NATHANIEL, from Guilford; m. Elizabeth. (This family removed to Goshen.)

Rachel, b. Sept. 24, 1733.
Anne, b. Aug. 14, 1736.

BALDWIN, JOHN, m. Ann Culver, June 14, 1727 (probably no children).

BALDWIN, DAVID, 2d,   ; d. 1783; from Stratford.

Phineas, m. Sarah Landon, eldest daughter Daniel Landon, Jr.
Stephen.

BALDWIN, DAVID, from Durham.

David.
Abner.
Isaac, b.   ; d. Jan. 15, 1805, ae. 95.

BALDWIN, DAVID, of David; m. Hannah Canfield.

George, b. Nov. 21, 1734.
Hannah, b. Dec. 1, 1737; m. Abm. Bradley.

Abigail, b. Feb. 8, 1740/1; m. Lawrence Wessells.
David, b. Sept. 3, 1742.
Samuel W., b. Aug. 18, 1745.
Phineas,   ; m. Mary, daughter of Aaron Cook.
Lois,   ; m. Isaac McNeil.

|| ÷ BALDWIN, ISAAC, of David; m. Ann Collins, March 7, 1750; she d. April 19, 1791, in 66th year.

Elizabeth, b. Nov. 6, 1751; m. Samuel Sheldon.
Isaac, b. Nov. 12, 1753.
Ashbel, b. March 7, 1757.
Mary, b. Jan. 20, 1761; m. Timothy Leonard of Lansingburgh.
Anne, b. Jan. 11, 1764; d. Jan. 17, 1765.
Horace, b. Sept. 27, 1765.
Frederick, b. Sept. 1, 1769; d. Sept. 4, 1769.

BALDWIN, ABNER, of David; m. Anne Marsh, Jan. 10, 1754; she d. April 26, 1781.

William, b. Feb. 28, 1755.
Abner, b. Nov. 16, 1756.
James, b. Nov. 12, 1758.
David, b. March 14, 1761; d. Sept. 7, 1771.
John, b. Jan. 22, 1763; drowned June 3, 1764.
John, b. June 3, 1764. (So recorded.)
John, b. Nov. 14, 1764. (So recorded.)
Charles, b. May 8, 1766.
Son born dead, March 21, 1768.
Susanna, b. Oct. 1769; m. Asa Sanford.
Anne, b. March 24, 1771; m. Thadeus Landon.
David and Darius, b. July 30, 1773; David died Aug. 19 and Darius Nov. 13, 1773.
David, b. Feb. 20, 1776; d. Aug. 20, 1776.

BALDWIN, SAMUEL W., of David; m. Sabra Catlin, Nov. 25, 1773, sister of Grove Catlin.

A male child still-born, Nov. 18, 1776.
Canfield.

+ ‖ BALDWIN, ISAAC, of Isaac; d. in Pompey, N. Y., 1830;
m. Wid. DeLancey (or DeLacey), maiden name Sackett.
Samuel S.
Charles A.
Ann, m. Stephen Sedgwick and had Hon. Charles
Baldwin Sedgwick of Syracuse, N. Y.; named after
his uncle. She married, for second husband,
————— Gott of Pompey, N. Y.
Isaac, d. in 1818 at the West.

BALDWIN, HORACE, of Isaac; m. Rachel Marsh, June 24,
1791.
Anne, b. April 8, 1792.
Clarissa, b. May 8, 1793.
Charles M., b. Feb. 27, 1794.
Ashbel F., b. Sept. 30, 1796.
Horace, b. Feb. 7, 1798.
Isaac, b. July 15, 1800.
William B., b. Jan. 7, 1803.
Samuel S., b. Aug. 29, 1804.
Rachel, b. March 12, 1807.
Abigail, b. Dec. 10, 1808.

BALDWIN, WILLIAM, of Abner; m. Abigail Mason,
she d. March 3, 1787.
David (Rev.), b. Feb. 4, 1780; removed to Guilford;
d. 1862.
Clarissa, b. Aug. 4, 1782; m. Ambrose Norton.
Henry, b. April 12, 1784; d. July, 1845.
Abigail, b. Dec. 7, 1786; m. Jesse Osborn and Eliakim
Curtiss.
m. Mindwell Butler.
Mary B., b. March 11, 1791; m. Samuel Ellott of
Guilford.

BALDWIN, ABNER, Jr., of Abner; m. Achsa.
Irena, b. March 24, 1779.
John, b. April 16, 1789.

BALDWIN, JAMES, of Abner; m. Nabby Dickinson, Aug. 16, 1785.

> Susan, b. March 20, 1786; m. Alfred Peck.
> Anne Almira, b. Sept. 18, 1788.
> Nabby, b. Aug. 9, 1790; m. Elnathan Galpin.
> Pamela, b. April 17, 1793; m. Ira Thompson.
> Charlotte, b. March 26, 1799; m. Geo. Miles.

BALDWIN, CHARLES, of Abner; m. Rachel Mason, 1791.

> Almon, b. Dec. 25, 1791. (He says 1792.)
> Rhoda, b. July 14, 1793; m. Aaron Moss.
> Rachel, b. Sept. 28, 1794; m. Benj. Webster.
> Charles M., b. Nov. 15, 1796.
> William M., b. July 26, 1803.

BALDWIN, LYDIA, wife of Samuel Baldwin; d. Jan. 24, 1734/5, ae. 41 y. 3 m.

BARNARD, SAMUEL, from Hartford; d. Sept., 1805; m. Abigail Gibbs, June 22, 1758; she d. Oct. 10, 1816, ae. 74.

> Abigail.

BARNARD, GEORGE, from Hartford, brother of Samuel; d. Aug. 19, 1787; m. Lois Manser, Jan. 15, 1784.

> Sally, b. Nov. 1, 1784; m. Luman Beach.
> Betsey, b. Nov. 3, 1786.

BARNARD, BRAINARD; d. Feb. 9, 1809.

BARNARD, SAMUEL, Jr.; m. Mary Benton, Feb. 18 (or 19), 1784.

> Chauncey, b. May 4, 1785.
> Benton, b. June 4, 1786.
> m. Wealthy Steel, Sept. 30, 1787.
> Samuel, b. July 17, 1788.
> Henry G., b. Feb. 3, 1790.

Mary B., b. April 23, 1792; m. Burr Goodwin.
Abigail, b. Oct. 12, 1794.
Wealthy, b. Sept. 22, 1797.
Narvina, b. Dec. 26, 1799.
Elizabeth, b. April 12, 1802.
Lucy G., b. April 7, 1804.
Anna C., b. May 27, 1806.

BARNS, TIMOTHY, from Branford; d. Oct. 10, 1750; m.
Phebe Barns, b. 1713, who afterwards m. James Morris,
Sr. (Sister of Abel and Enos and Mrs. Wm. Hall.)

Eunice, b.	; m. ———— Munger.
Phebe, b.	; m. Briant Stoddard.
Lois, b.	; m. Lemuel Harrison.
Timothy.	

BARNS, DANIEL, from Branford, brother of Timothy; m.
Anne.

Anne, b. Feb. 11, 1740.
Timothy, b. Oct. 7, 1745.
Moses.
Daniel.
Amos.
Benjamin, b. May 25, 1752.

BARNS, ABEL, from Branford, brother of Enos; d. Aug. 28,
1787; m. Abigail Stoddard, wid. of Jas. Stoddard, Jan.
19, 1752; she d. Oct. 3, 1757.

Lucretia, b. Nov. 23, 1752.
Abel, b. Sept. 5, 1754; d. Sept. 30, 1757.
Lucina, b. April 9, 1757.
m. Gift Gay, Aug. 9, 1758.
Abel, b. May 14, 1759; d. Dec. 4, 1772.
Enos, b. March 25, 1761; d. July 1, 1780; slain battle
Horseneck.
Eunice, b. Dec. 8, 1762.
John, b. July 23, 1764; d. Jan. 12, 1766.

Abigail, b. Feb. 8, 1766.
John, b. Nov. 9, 1767.
Gilbert, b. May 25, 1769.
Huldah, b. Feb. 20, 1771 ; d. Aug. 21, 1771.
Joseph, b. March 28, 1773.
Olive, b. Jan. 26, 1775.

BARNS, ENOS, from Branford, brother of Abel ; d. March 2, 1797, ae. 75; m. Abigail; she died June 8, 1768.

Enos, b. Sept. 27, 1755 ; d. at Marathan, N. Y., Jan. 22, 1837.
Sarah, b. Nov. 13, 1759; m. James Wickwire.
Asa, b. May 25, 1768; Doct., of State of Virginia. Orange.
Ambrose, b. May 19, 1757.
Abigail.

BARNS, AMOS, of Daniel ; m. Elizabeth Catlin, March 9, 1758 ; d. Jan. 27, 1777.

Lois, b. May 18, 1759.
Amos, b. March 8, 1762.
Elizabeth, b. April 11, 1764; d. April 29, 1764.
Anna, b. Feb. 16, 1769; m. ———— Carter.
m. Mary Baldwin, Dec. 2, 1777.
Norman, b. Nov. 8, 1778.
Betsey, b. Feb. 13, 1779; m. Jonathan Griswold.
Polly, b. Oct. 23, 1783.
Amos, b. May 28, 1791.

BARNS, MOSES, of Daniel ; m. Hepsibah Osborn, Sept. 3, 1769.

Abijah, b. Feb. 3, 1770.
Zacheus, b. July 28, 1771.

BARNS, TIMOTHY, of Timothy ; m. Eunice Munson.

Erastus, b. Nov. 14, 1773.
Abigail, b. Aug. 29, 1775.
Sarah, b. Aug. 26, 1777.

Eunice, b. Aug. 7, 1779.
Munson.
Timothy.
Phebe.

BARNS, ENOS, Jr., of Enos; m. Hannah Woodruff, March 11, 1782, d. Dec. 16, 1782, daughter of Benjamin Woodruff.

Woodruff, b. Dec. 9, 1782; d. April 24, 1862.
m. Lucy Woodruff, Dec. 11, 1783, daughter of Jacob Woodruff.
Marquis De L. F., b. Sept. 15, 1784; d. Jan. 11, 1878.
Enos, b. June 5, 1786; d. Jan. 9, 1862, Watkins, N. Y.
Hannah and Lucy, b. June 4, 1789; Hannah m. M. Marsh, Lucy m. Jas. Burgess.
Lydia, b. Feb. 14, 1791; m. Sam. Woodruff, son of Andrew.
Eber, b. Sept. 27, 1792; d. Oct. 3, 1800.
Rollin, b. Sept. 11, 1794; d. in California.
Anne, b. Sept. 19, 1798; m. ———— Church, Sterling, Ill.
William, b. Nov. 11, 1801, Painesville, Ohio.

BARNS, JOSEPH, of Abel; b.   ; d. Feb. 19, 1809; m. Sally Wetmore, Dec. 5, 1793; she d. Jan. 28, 1807.

Sally N., b. Sept. 10, 1797.
Orlando W., b. Oct. 27, 1799.
Orville W., b. May 27, 1801.

BARNS, NORMAN, of Amos; m. Abigail Griswold, Dec. 25, 1799.

Horace, b. Sept. 3, 1800.
Hiram, b. Nov. 10, 1802.
Eliza, b. Aug. 31, 1804.
Polly, b. Nov. 19, 1806.
Amos, b. July 16, 1809.
m. Betsey Merrit, Jan., 1815.
Eliza Ann, b. Feb. 8, 1816.

BARNS, ORANGE, of Enos; m. Olive Gibbs,   ; she d.
Jan. 15, 1851.

   Ambrose.
   Tracy.
   Olive, b.   ; m. Rufus Ames.

BASSET, NATHAN, from Norton, Mass.; m. Mehitabel Buel,
Oct. 29, 1793.

   Laura, b. Aug. 7, 1794; m. Dyar Coe.
   Hetty, b. Feb. 20, 1796.
   Ira, b. April 6, 1798; d. Oct. 25, 1799.
   Ira, b. Nov. 28, 1799.
   Clarissa, b. Nov. 26, 1801; m. Geo. P. Tallmadge.
   William, b. July 25, 1805.
   Ozias B., b. March 7, 1807.
   Henry, b. June 26, 1809.
   Samuel.

BASSET, ZOPHAR, m. Thankful Bartholomew, April 27, 1794.

   Lothrop, b. May 31, 1795.
   Phebe C., b. March 29, 1798.
   Clarissa, b. Aug., 1800.
   Caroline, b. Nov. 7, 1802.
   Patrick A., b. Aug. 30, 1806.

BATES, ZACHARIAH, b.   ; d. March 31, 1773.

BATES, EPHRAIM, m. Sarah Griswold, May 6, 1773.

BLACKMAN, PATTRON M., d. April 19, ae. 75.

BLAKE, RICHARD, m. Damaris Smedley, July 6, 1769.

   James, b. Oct. 2, 1769.
   Jesse, b. Aug. 31, 1771.
   Ruel, b. June 15, 1774.
   Rebecca, b. Aug. 26, 1776.
   Damaris, b. Aug. 31, 1778; m. Marvin Sanford.

Pharis and Zara, b. Nov. 12, 1781.
Uriel, b.   ; d. March 14, 1808, ae. 22.
Eunice.
Concurrence.

BLAKE, JAMES, of Richard; d. Nov. 17, 1817; m. Dorcas Buel,
    April 1, 1793.

> Polly, b. March 2, 1794.
> Albert, b. May 22, 1796.
> James, b. May 18, 1798.
> Orrin, b. Dec. 18, 1802.
> Julius, b. Jan. 27, 1805.
> Flora, b. Nov. 20, 1807.
> Buel, b. Sept. 29, 1809.
> Catharine, b. Sept. 29, 1812.
> Dorcas L., b. Oct. 14, 1817.

BLAKESLEE, SALA, m. Mary.

> John, b. June 15, 1789.

BRACE, JAMES, m. Susan Pierce, Jan. 11, 1792.

> John P., b. Feb. 10, 1793.
> Abel, b. Oct. 29, 1794.
> Anna P., b. Dec. 19, 1797; m. Charles G. Loring.
> Susan M., b. July 30, 1800; d. Sept. 22, 1802.
> Timothy P., b. July 25, 1803.

BRADLEY, PHINEAS, from New Haven; m. Martha Sher-
    man at New Haven, April 24, 1740.

> Erastus, b. April 18, 1741.
> Electa, b. Jan. 20, 1742/3.
> Phineas, b. May 17, 1745.
> Zina, b. Dec. 23, 1747; d. Nov. 19, 1802.

‖ BRADLEY, ABRAHAM, 3d, of Abraham, 2d, from Guilford;
    b. Dec. 11, 1731; removed to Wilkesbarre when 90; m.
    Hannah Baldwin, May 26, 1763; she d. at Wilkesbarre,
    Sept. 18, 1804.

Lois, b. Feb. 18, 1765.

Abraham (4th), b. Feb. 21, 1767; Asst. P.M.-General.

Phineas, b. July 17, 1769; Asst. P.M.-General.

Hannah, b. Oct. 20, 1771.

BRADLEY, LEAMING, of Abraham, 2d, from Guilford; b. June 11, 1737; d. 1821; m. Anna ————, Nov. 15, 1759.

    Aaron, b. Aug. 27, 1762.

    Joseph, b. Sept. 6, 1770.

    Comfort.

Anne, b.	; m. Levi Kilborn.
Lucy, b.	; m. Jacob Kilborn.
Lucretia, b.	; m. Luman Bishop; m. Danl. Stoddard.

BRADLEY, ERASTUS, of Phineas, returned to New Haven; m. Lydia.

    Erastus, b. July 30, 1777; d. in East Indies.

BRADLEY, ZINA, of Phineas; d. Nov. 19, 1802; m. Elias.

    Zina.

|| BRADLEY, AARON, of Leaming; m. Loraine Abernethy, July 8, 1787.

    Horace, b. June 8, 1788; m. Hannah Twichell.

    Leaming, b. March 8, 1790; m. Charlotte Stone.

    Mary Ann, b. March 19, 1795; m. Henry Wadsworth; m. ———— Hannah.

    Maria T., b. Dec. 29, 1805; m. William Coe.

BRADLEY, COMFORT, of Leaming; m. Sally Joy, Dec. 31, 1788

    Erastus, b. April 26, 1790; m. Sally Wilmott.

    Marilla, b. May 3, 1792; m. Elisha Horton.

BRADLEY, JOSEPH, of Leaming; m. Lucy Stoddard, May 24, 1798.

Louisa, b. July 29, 1802; m. Leonard Kenney.
Cornelia, b. Sept. 11, 1805; d. July 2, 1898.
Clarissa, b. Nov. 27, 1807; d.

BRADLEY, RICHARD, from Woodbury.
Dennis.

BRADLEY, DENNIS, of Richard; m. Mabel Root, 1796.

John R., b. March 11, 1798.
Elizabeth S., b. Jan. 19, 1802.
Olive, b. Aug. 15, 1804.

BEACH, SAMUEL, from Wallingford; d. July 20, 1765; m. Phebe Taylor, April 29, 1718.

Beulah.
Rhoda, b.   , 1720.
Zophar, b. Feb. 10, 1723.
Phebe.
Benoni, b. 1727/8.
Samuel, b. Dec. 22, 1728.
Benoni, b.   , 1730.
Esther.
Eunice, b.   , 1735.
Pamineas and Barnias.
m. Hannah.
Hannah, b.   , 1739.
Daniel and David.
Laban, b. Sept. 2, 1745.
Junia, b. July 4, 1748.
(G. C. W. notes in pencil that David, Samuel, Junia, and Laban are said not to be sons of this Samuel.)

BEACH, ZOPHAR, of Samuel; d. May 24, 1779; m. Elizabeth
Wadhams, Dec. 10, 1741; she was born Sept. 2, 1723.

Abner, b. Oct. 13, 1748, Litchfield.
Benoni, b. Aug. 24, 1750, Hartland.
Cephas, b. June 30, 1752, Geneseo.
Daniel, b. Dec. 9, 1755, Goshen.
Anna, b. April 23, 1754; m. Seth Landon.
Elihu, b. March 17, 1758, Ohio.
Zophar, b. Feb. 1, 1761, Hartland; d. 1850.
Noah, b. Aug. 21, 1764, Litchfield.

BEACH, SAMUEL, Jr., of Samuel; m. Rachel Strong, Sept. 7,
1749.

Lois, b. Nov. 6, 1749.
Ezekiel, b. March 13, 1751.
Thomas, b. March 4, 1753.
Ashbel, b. April 4, 1755.
Phebe, b. April 1, 1757.
Rachel, b. Sept. 17, 1760.
Samuel, b. Aug. 13, 1763.
Nancy, b. Feb. 28, 1766.
Charles, b. May 20, 1768.
Sybil, b. June 2, 1771.
Candace.

BEACH, BARNIAS, of Samuel; m. Chloe Palmer, May 31,
1759.

Senior, b. April 8, 1760.
Lovewell, b. May 16, 1765.
Rebecca, b. Jan. 10, 1767.
"Lovil Beach and Orillia Kilborn were married Jan.
27, 1799. Had Clarissa, April 15, 1804."

BEACH, DAVID, of Samuel; m. Lucia Mudestone, Jan. 24,
1765.

Orange, b. June 4, 1766.
Jesse, b. July 14, 1769.
Lucinda, b. April 18, 1772.

BEACH, LABAN, of Samuel; m. Sarah Kilborn, Feb. 25, 1765.

    Laban, b. Aug. 25, 1766.

    Lydia, b. June 10, 1771; m. ———— Norton.

    Anson, b. Feb. 11, 1777.

    Lucretia, b. May 27, 1774; m. ———— Clark.

    Ursula, b.   ; m. ———— Emons.

    Sarah, b.   ; m. ———— Gilbert.

    Julius.

    Andrew.

    James.

    Oner.

    Green.

BEACH, ABNER, of Zophar; m. Beulah Abernathy, April 23, 1770.

    Enos, b. April 23, 1771.

    Prudence, b. Dec. 22, 1772.

    Heman, b. Jan. 23, 1775.

    Ruth, b. May 24, 1777.

    John, b. April 17, 1779.

    Abner, b. Feb. 14, 1788.

BEACH, MILES (Col.), from Goshen; removed to Hartford; uncle of Geo. Beach; m. Abigail Hopkins, daughter of Asa Hopkins; she d. Nov. 28, 1781.

    Abigail, b. June 11, 1772; d. June 12, 1772.

    Miles, b. Aug. 28, 1773; d. Sept. 4, 1773.

    Miles, b. Oct. 1, 1774; d. Oct. 2, 1774.

    (Tombstone in Center Church yard at Hartford: "In memory of Sally Beach, daughter of Col. Miles Beach and Mrs. Sally Beach, who died Dec. 8, 1800, in the 16th year of her age.")

BEACH, EBEN, brother of Col. Miles; m. Lucy Steele.

    George (President Phoenix Bank).

BEACH, NOAH, of Zophar; d. April, 1851; m. Elizabeth Harrison, Jan. 1, 1783; she died April 8, 1808.

> Luman, b. Sept. 9, 1783.
> Elizabeth, b. Aug. 7, 1785.
> Zophar, b. Nov. 16, 1788.
> Samuel, b. May 30, 1792; d. April 13, 1873.
> Erastus, b. Feb. 9, 1795.
> Minerva, b. Sept. 28, 1798.
> Lorenzo, b. June 12, 1801; d. young.
> Loisa, b. June 5, 1805.
> m. Sally Spencer, maiden name Plumb, Aug. 21, 1808.
> Henry H., b. May 24, 1809.
> Miranda S., b. Dec. 28, 1811; m. Albert Wheeler.
> Noah W., b. June 24, 1816.

BEACH, ORANGE, of David; m. Lydia Stocking.

> Hervey, b. Oct. 11, 1791.
> Almira, b. Feb. 7, 1794.
> David, b. Feb. 9, 1796.

BEACH, SENIOR, of Barnias; m. Rachel Stocking, March 12, 1781.

> Anne, b. Nov. 30, 1781.
> Bernice, b. March 2, 1784.
> Candace, b. March 30, 1786.
> Dennis, b. June 28, 1788.
> Amanda, b. May 15, 1792.
> Alsida, b. Oct. 23, 1794; d. Oct. 12, 1795.
> Lovel, b. July 26, 1796.
> Horatio, b. March 30, 1799.
> Cynthia, b. April 26, 1802; d. Oct. 20, 1802.
> Luna, b. Sept. 21, 1804.

BEACH, LABAN, Jr., of Laban; m. Naomi Cook, 1787.

> Almon, b.   , 1788; d. June 27, 1815.
> Nancy, b. Feb. 27, 1790.
> Elias, b.   , 1791; d. Nov. 14, 1793.

Elias, b. Sept. 7, 1793.
Raphael, b. June 6, 1795.
Lydia, b. April 18, 1797.
Seymour, b. Dec. 26, 1798.
Luban, b. March 25, 1801.
Frederick, b. Jan. 23, 1805.
Frederick, b. April 6, 1806.
Maria, b. Sept. 20, 1809.
Almeron, b. Nov. 8, 1810.
Naomi, b. Sept. 25, 1814.
m. Tryphena Spencer, June 6, 1815.
Spencer, b. May 12, 1816.
Maria.

BEACH, ANSON, of Laban; m. Pamela Abernathy, Sept. 20,
1798.

Anson B., b. May 5, 1804.
Ursula, b. May 12, 1813.
Almina, b. Feb. 22, 1816; m. Samuel G. Beach.
Almon J., b. Oct. 2, 1819.

BEACH, ENOS, of Abner; m. Susanna Green, Jan. 27, 1796.

Lyman, b. April 2, 1796.
Anna, b. June 20, 1797.
Almeda, b. Aug. 14, 1798.
Malinda, b. Oct. 20, 1799.
Harriet, b. March 21, 1801.
Lucinda, b. July 21, 1802.
Beulah, b. Jan. 6, 1804.
Caroline, b. June 6, 1806.
Alvin, b. July 20, 1807.
Mary, b. Aug. 26, 1811.
Samuel G., b. May 27, 1815.
Susan, b. Dec. 19, 1819.

BEACH, HEMAN, of Abner; m. Clarissa Kilborn, Oct. 27,
1794.

Milo, b. June 9, 1803.

Heman, b. June 23, 1813; d. March 25, 1881.
Mercy.
Clarissa.

BEEBE, SAMUEL, from New Milford; m. Hannah.

Mary, b. Sept. 25, 1699.
Samuel, b. Nov. 13, 1701; removed to Sheffield, Mass.
James, b. Aug. 7, 1704; d. at Canaan, Jan. 17, 1787.
John, b. March 1, 1705/6; d. at Canaan, Nov. 22, 1776.
Sarah, b. Feb. 22, 1712/13.
Ebenezer, b. Jan. 8, 1715/16.
Hannah, b.   ; d. Dec. 14, 1714.

BEEBE, JAMES, of Samuel; m. Abigail Culver, June 12, 1727.

Solomon, b. April 7, 1730.
Asael, b. Dec. 18, 1731.
Jemima, b. Nov. 15, 1735.
Lucy, b. Oct. 20, 1737.

BEEBE, JOHN, of Samuel; m. Elizabeth.

William, b. Dec. 7, 1728.
m. Martha Culver, Nov. 24, 1730.
Elizabeth, b. July 23, 1731.
David, b. Nov. 29, 1732.
Rachel, b. July 16, 1734.
Azuba, b. Jan. 17, 1736.
John, b. April 6, 1738.

BEEBE, EBENEZER, of Samuel; m. Rebecca Webster, Feb.
28, 1735/6; she d. July 15, 1736.

An infant, b. July 8, 1736; d. July 21, 1736.
m. Bethiah Osborn.
Bezaleel, b. April 28, 1741; d. May 28, 1824.
Ebenezer, b. Sept. 4, 1743.
Rebecca.

‖ BEEBE, BEZALEEL, of Ebenezer; m. Elizabeth Marsh, July 11, 1764.

Sarah, b. May 10, 1765; d. unmarried, Feb. 1, 1800.
Elizabeth, b. Sept. 21, 1768; m. Joshua Garrit.
Rebecca, b. Aug. 18, 1772; m. Reuben Rockwell.
Ebenezer, b. Oct. 27, 1774; m. Catherine Knox.
James, b. Feb. 21, 1779; m. Abby McEwen.
‖ William, b. March 24, 1782; m. Clarissa Sanford, Jan. 17, 1808.

BEECHER, LYMAN (D.D.), of David; came to Litchfield in 1810; m. Roxanna Foot, Sept. 19, 1799; she d. Sept. 25, 1816, ae. 42.

Catharine, b. Sept. 6, 1800, at East Hampton, L. I.
Wm. Henry, b. Jan. 15, 1801, at East Hampton, L. I.
Edward, b. at East Hampton, L. I.
Mary, b. at East Hampton, L. I.; m. Thos. C. Perkins.
Harriett, b. Feb. 1809, at East Hampton, L. I.; d. aged 1 month.
George, b. at East Hampton, L. I.
Harriett, b. 1812, at Litchfield (Chas. E. Stowe says 1811).
Henry W., b. 1813, at Litchfield.
Charles, b. Oct. 7, 1815, at Litchfield.
m. Harriet Porter, 1817.
Frederick, b. Sept. 11, 1818, at Litchfield; d. June 23, 1820.
The daughter born at Litchfield, Feb., 1822, was Isabella Holmes, who married John Hooker of Hartford.
Thomas K., b. Feb. 10, 1824, at Litchfield.
James C., b.   at Boston.
m. Mrs. Lydia Jackson at Boston, summer of 1836.

BEERS, SETH P., b. Woodbury, July 1, 1781; d. Sept. 9, 1863; m. Belinda Webster, Sept. 23, 1807; she d. Jan. 4, 1868.

Horatio P., b. March 24, 1811; d. Dec. 12, 1824.
George W., b. Feb. 18, 1817.
Henry, d. March 24, 1823.
Julia M., b. July 10, 1819.
Alfred.

BENTON, NATHANIEL, b. Aug. 25, 1726; d. 1800; m. Abigail Gillett, Dec. 17, 1755.

> Bela, b. Oct. 24, 1756.
> Esther, b. Feb. 9, 1758.
> Abigail, b. July 30, 1759.
> Nathaniel, b. April 11, 1761.
> Abraham, b. Feb. 19, 1763.
> Daniel, b. Sept. 11, 1764.
> Orange, b. May 7, 1766.
> Eunice, b. March 14, 1768; d. Nov. 9, 1785.
> Rachel, b. May 16, 1770.
> Isaac, b. March 28, 1772.
> John, b. Sept. 12, 1775.
> Anne, b. March 1, 1779.

|| BENTON, EBENEZER, lived on Horatio Benton place; d. Oct. 31, 1813, ae. 85; m. Ama Hosford, March 19, 1761.

> Mary, b. May 16, 1763; m. Samuel Barnard, Jr.
> Ebenezer, b. Dec. 5, 1766.
> David, b. Sept. 4, 1768.
> Amos, b. June 13, 1771.
> Sarah, b. April 24, 1773; m. Wm. Orvis of Farmington.
> Ama, b. May 4, 1780; m. Isaac Chamberlain.
> Cynthia, b. Nov. 30, 1783; m. Amos Tolles.
> Lois, b. July 2, 1765; m. Daniel Lamson.

BENTON, ABRAHAM, of Nathaniel; m. Desire Mead, March 18, 1790.

> Orange, b. Jan. 27, 1791.

BENTON, DANIEL, of Nathaniel; m. Margery Frisbie, Jan. 28, 1790.

> Orlando, b. Sept. 22, 1790.
> Elias, b. Aug. 9, 1794.
> Amos, b. March 13, 1797.

BENTON, JOSIAH, of Ebenezer, Sr.; m. Mehitabel Smith, Aug. 20, 1765.

‖ BENTON, EBENEZER, Jr., b.   ; d. Jan. 31, 1849; m.
  Lois Farnham, March 31, 1790.

    Leman, b. Nov. 19, 1790; drowned March 8, 1819, at
      New York.
    Polly, b. March 9, 1792.
    Joel, b. Jan. 22, 1794; drowned March 8, 1819, at New
      York.
    Erastus, b. Dec. 20, 1795.
    David, b. Sept. 20, 1800.
    Nancy, b. Aug. 17, 1803.
    Daniel L., b. Jan. 14, 1805.
    Seth F., b. Nov. 8, 1809.
    Lydia M., b. Aug. 23, 1812.

BENTON, AMOS, of Ebenezer; m. Rachel Catlin, May 2, 1799.

    Julia, b. March 27, 1800.
    Geo. B., b. July 6, 1805.
    Horatio, b. Aug. 24, 1811.
    Sarah, b. June 7, 1816.

BEUON, AARON, m. Ruth.

    Irene, b. Aug. 27, 1769.

BEUON, EBENEZER, m. Martha Lee, June 28, 1770.

BIDWELL, STEPHEN, from West Hartford; d. Sept. 12, 1807,
  ae. 83; m. Anne Rossiter, June 5, 1748; she d. May 16,
  1809.

    Mabel, b. March 15, 1749.
    Patience, b. Feb. 15, 1750.
    Ruth, b. Sept. 2, 1752.
    Luce, b. Nov. 5, 1754; d. Jan. 23, 1755.
    Lucy, b.   ; d. April 23, 1771, in her 15th year.
    Stephen, b. May 10, 1758; d. May 19, 1758.
    Infant son born and died Dec. 9, 1759.
    Elijah, b. Dec. 9, 1760.
    Anne, b. Feb. 23, 1763.

Stephen, b. Nov. 22, 1765.

Molly, b. Nov. 23, 1767.

BIDWELL, ELIJAH, of Stephen; m. Lucy Cole, Nov. 17, 1785.

Sally, b. Nov. 14, 1786.

Lucy, b. June 4, 1787.

BIDWELL, STEPHEN, Jr., m. Hannah Culver, Sept. 26, 1786.

Charlotte, b. March 1, 1788.

Minerva, b. April 21, 1790; m. Chauncey Peck.

Sheldon, b. March 9, 1791.

Mabel, b. Dec. 13, 1792.

Linus, b. Jan. 16, 1794.

Joseph C., b. Sept. 28, 1795.

Truman, b. May 3, 1797.

George, b. Dec. 9, 1798.

Cornelia, b. July 12, 1800.

Susan, b. Sept. 23, 1802.

BIRD, THOMAS, of Farmington, Conn.; father of Joseph, James, and John, and of two daughters. James remained in Farmington, had 7 children.

‡ || BIRD, JOSEPH, from Farmington. This family removed to Salisbury, Conn. M. Dorcas Norton, Oct. 4, 1721.

James, b. June 30, 1722.

Mary, b. May 3, 1724.

Thomas, b. Oct. 22, 1726.

Isaac and More, b. March 21, 1729.

Ruth, b. Feb. 17, 1731.

Joseph, b. June 18, 1733.

Nathaniel, b. Aug. 9, 1735.

Amos, b. May 13, 1741; d. in Castleton, Vt., about 1771.

|| ÷ BIRD, JOHN, from Farmington in 1722; m. Rachel ———; she d. Aug. 28, 1724, ae. 29 years 5 months.

Rachel, b. July 20, 1722.

Nathaniel, b. Aug. 14, 1724; d. Sept. 3, 1724.
m. Mary Atwood, June 20, 1728.
Mary, b. May 17, 1729; d. June 21, 1729.
John, b. April 8, 1730.
Asaph, b. Nov. 23, 1731; d. Feb. 10, 1732.
Seth, b. Jan. 4, 1732/3.
Mary, b. March 13, 1736/7.
Jonathan.
Atwood.
Ebenezer, father of David Bird of Bethlehem.

BIRD, SETH (Doct.), of John; d. 1805; m. (name of first wife not given).

  m. Sarah Marsh, daughter of John Marsh, 2d.
  Minerva, m. Capt. James Stoddard.
  Sally.
  m. Hannah Sheldon, Feb. 8, 1768; she died July 30, 1803.
  John, b. Nov. 22, 1768.

BIRD, JOHN, of Seth; d. in Troy, N. Y., Feb., 1806; m. Eunice Porter, Oct. 4, 1789.

  John H., b. Aug. 12, 1790; d. unmarried before 1820.
  Carena, b. March 23, 1793; d. young.
  Wm. Augustus, b. March 23, 1797.
  Maria, b. April, 1797 (?); d. May, 1798.
  m. Sally Buel, daughter of David Buel, Sr., of Troy, N. Y., March 29, 1799; she d. Aug. 4, 1815.
  John H., b. Feb. 17, 1800; d. single, Jan. 13, 1820.
  Clarence, b. June 23, 1802; d. single.

BIRGE, JOSEPH, from Windsor; m. Dorothy Kilborn, Nov. 8, 1721.

  Joseph, b. Sept. 29, 1722; d. Nov. 19, 1741.
  Dorothy, b. Dec. 18, 1723; m. Benjamin Osborn, 1758.
  Benjamin, b. Jan. 28, 1726.
  Mary, b. Nov. 24, 1729.
  Elijah and Elisha, b. June 22, 1731.

BIRGE, BENJAMIN, of Joseph; m. Esther Beach, Aug. 23, 1750.

> Thankful, b. May 19, 1751.
> Joseph, b. May 21, 1753.
> Chrafts, b. May 24, 1755.
> Beriah, b. Nov. 4, 1759.

BIRGE, ELIJAH, of Joseph; m. Lydia, Sept. 12, 1751.

> Rhoda, b. Aug. 12, 1751. (So appears of record.)

BIRGE, ELISHA, of Joseph; m. Mary Muggleston (or Mudestone). She perished in a snow storm, Dec. 9, 1786, about 25 rods southwest from her house.

> Tryphena, b. July 18, 1757.
> James, b. Oct. 16, 1758; d. Feb. 10, 1850.
> Benjamin, b. April 19, 1761.
> Sarah, b. Nov. 27, 1763.
> Joseph, b.   ; d. Sept. 24, 1854, ae. 86.

BIRGE, JAMES, of Elisha; d. Feb. 10, 1850; m. Sally Palmer, Oct. 29, 1780.

> Harvey, b. June 9, 1782; m. Thankful Griswold.
> Orrin, b. July 4, 1784; m. Anna Gilbert.
> Lemuel, b. Feb. 14, 1787; m. Elizabeth Shaw of Wickford, R. I.
> James, b. Sept. 4, 1789; m. Dothy Johnson.
> Selima, b. March 6, 1792; m. Truman Gilbert.
> Harriet, b. March 2, 1797; m. ——— Belknap.

BIRGE, JOSEPH, of Elisha; b.   ; d. Sept. 24, 1854; m. Marietta (Marcella) Ward, April 2, 1789.

> Mary, b. Jan. 28, 1790.
> Harriet, b. Aug. 27, 1791; d. Feb. 4, 1794.
> Elias, b. July 11, 1793.
> Benjamin, b. July 24, 1795; d. in Kentucky.
> Albert, b. Aug. 15, 1797; m. Lois Page.
> Harriot, b. Oct. 8, 1799; m. Augustus Morey.

Chester, b. Oct. 25, 1801; m. Mary North.

Joseph, b. Nov. 18, 1805.

John Ward, b. Dec. 9, 1807; General in " Patriot War."

Janette, b. Sept. 20, 1809; m. Ithamer Page.

BISHOP, SAMUEL, from Guilford.

> Seth.
> Samuel.
> Noah.

BISHOP, JONATHAN, m. Submit.

> Hannah, b. Jan. 22, 1746.
> Mary, b. June 7, 1748.
> Sylvanus.
> John.
> Jane.
> Jonathan.

BISHOP, JONATHAN, Jr., of Jonathan; d. March 2, 1765; m. Submit Smith, Dec. 18, 1753.

> Olive, b. Dec. 18, 1754.
> Luman, b. Aug. 25, 1757.
> Sabra, b. Nov. 6, 1761; m. ——— Stanley.
> Cyrenia, b. Sept. 15, 1764; m. Timothy Peck.

BISHOP, SETH, of Samuel; m. Hannah Bradley, Nov. 2, 1757.

> Sarah, b. July 4, 1758.
> Seth, b. March 5, 1761.

BISHOP, NOAH, of Samuel; m. Anne Parmelee, May, 1762.

> Mehitabel, b. Aug. 28, 1762.
> Anne, b. July 7, 1766.
> Amos, b. Oct. 24, 1769.
> Lucy, b. May 6, 1772.
> Lois, b. May 16, 1774.
> Noah, b. April 6, 1776; d. Sept. 6, 1777.

BISHOP, SYLVANUS, of Jonathan (joined British, estate confiscated 1778); m. Molly Landon, Nov. 25, 1762.

    Rhoda, b. July 10, 1763; m. Samuel Woodcock.

    Anne, b. Aug. 23, 1766.

    Jonathan, b. March 24, 1768.

    Elizabeth, b. April 26, 1770; d. Aug. 28, 1776.

    Sybil, b.   , 1772; m. Noah Stone, 2d.

BISHOP, JONATHAN, of Sylvanus; m. Rachel Stoddard.

    Sylvanus, b. July 24, 1792; d. May 15, 1862.

    m. Submit Dudley, sister of Charles and Wm. H.

    Medad D., b. Feb. 16, 1798.

    Henry F., b. April 9, 1800.

BISHOP, AMOS, of Noah; m. Lois Cornwall, March 8, 1792.

    Annis, b. Dec. 22, 1792.

    Samuel, b. Nov. 11, 1794; d. June 2, 1796.

    Eunice, b. Jan. 28, 1798; d. March 6, 1801.

    Anne, b. Aug. 19, 1799; d. Feb. 26, 1807.

    Almira, b. Oct. 13, 1800.

    Thankful, b. Sept. 15, 1802.

    Samuel, b. June 2, 1804.

    Noah, b. Jan. 6, 1807.

    Amos C., b. June 14, 1810.

BISHOP, LUMAN, of Jonathan, Jr.; m. Lucretia Bradley, sister of Aaron Bradley Solon.

    Theodosia, b.   ; m. Ensign Bushnell.

    Sally, b.   ; m. ———— Morris of Watertown.

BISSELL, ISAAC, from Windsor; d. Nov. 6, 1744; m. Elizabeth Osborn, May 2, 1706; she d. Jan. 15, 1761.

    Elizabeth, b. Feb. 4, 1707.

    Isaac, Jr., b. March 9, 1709.

    Abigail, b. Jan. 16, 1712; m. Thomas Catlin.

    Sarah, b. Feb. 3, 1713; m. James Kilbourn.

    Joel, b. Jan. 1, 1714.

Benjamin, b. July 2, 1717.
Roger, b. March 24, 1718.
George, b. March 10, 1720.
Joseph, b. Sept. 7, 1724.
Zebulon, b.   , 1724.

BISSELL, ISAAC, of Isaac; d. 1777; m. Sarah Stone, Oct. 1,
1746. (She m. Job Palmer, Nov. 13, 1788.)

Isaac, b. Aug. 5, 1747.
Sarah, b. April 23, 1749; m. Col. Heber Stone.
Luther, b. March 28, 1751; d. at Crown Point, June
29, 1776.
Olive, b. Aug. 13, 1755; m. John Bishop.
Calvin, b. April 21, 1753.
Archelaus, b. Aug. 14, 1758.

BISSELL, JOEL, of Isaac; d. Feb. 1, 1761; m. Mercy Bishop,
Nov. 7, 1750.

Ozias, b. Aug. 6, 1751.
Friend.
John.
Joel.
Samuel.
Molly, b.   ; m. Ebenezer Kellogg of Avon.

BISSELL, BENJAMIN, of Isaac; d. Jan. 11, 1747/8; m. Leah
Peck, Nov. 6, 1740.

Rachel, b. June 6, 1741; d. April 3, 1749.
Benjamin, b. Dec. 12, 1743.
Leah, b. Nov. 16, 1746.

BISSELL, GEORGE, of Isaac; m. Lydia Gay, Oct. 1, 1740.

Jehiel, b. Feb. 18, 1740/1.
David, b. Jan. 17, 1742/3.

BISSELL, JOSEPH, of Isaac; m. Esther Smith, Sept. 5, 1774.

Reuben, b. June 30, 1775; m. Huldah Tilford.
Simeon, b. July 18, 1777; m. Philura Gates.

BISSELL, ZEBULON, of Isaac; m. Abigail Smith, May 21, 1749.

> Zebulon, b. Oct. 30, 1751.
> Benjamin, b. Jan. 15, 1754; d. 1825.
> Rhoda, b. April 5, 1760; m. Annah Blakeslee.
> Abigail, b.   ; m. John Landon.

BISSELL, ROGER, of Isaac; removed to Windsor; m. Sarah Stoughton, Oct. 25, 1743.

> John, b. July 25, 1744.

BISSELL, ISAAC, Jr., of Isaac, Jr.; d. June 19, 1823, Hartwick, N. Y.; m. Alithea Way, Dec. 13, 1770.

> John, b. Nov. 15, 1771.
> Luther, b. June 17, 1773; m. Hannah Potter Shepard.
> Orange, b. Feb. 12, 1775; m. Sarah Guild.
> Levi, b. Jan. 15, 1777.
> Sally, b. Aug. 21, 1778.
> Harvey, b. July 23, 1780.
> Benjamin, b. March 24, 1782.
> Norman, b. Jan. 3, 1784.

BISSELL, OZIAS, of Joel; m. Temperance Culver, Nov. 12, 1769.

BISSELL, ZEBULON, Jr., of Zebulon; m. Sarah Watkins, Jan. 13, 1774.

> John, b. Feb. 10, 1776; m. Kate Marsh.
> Heman, b. April 6, 1778.
> Betsey E., b. Dec. 10, 1781.
> Sarah.
> Julia.
> Norman.

BISSELL, HEMAN, of Zebulon, Jr.; m. Susanna Camp.

> George C., b.   ; m. Susan Kilbourn, May, 1826.

BISSELL, SIMEON, m. Lura Gates, March 20, 1803.

> Renold, b. Jan. 1, 1804.

BISSELL, BENJAMIN, of Zebulon; b. Jan. 15, 1754; d. Feb. 28, 1825, ae. 71; m. Esther Benton, Feb. 21, 1779; she d. Dec. 27, 1840, ae. 83.

> Rebecca, b. Feb. 9, 1782; m. William Smith.
> Anne, b. Dec. 14, 1784; m. Levi Hoyt.
> Nathaniel, b. Dec. 31, 1786; m. Anna Smith; m. Sally Marsh.
> Benjamin, b. Dec. 26, 1788.
> Eunice, b. Feb. 10, 1790.
> Abigail, b. Feb. 19, 1792; m. John Griswold.
> Rachel, b. Sept. 18, 1793; m. Jonathan North.
> Dotha, b. Oct. 18, 1795.
> Herman, b. Jan. 16, 1797; m. Anna Peck.
> Amos, b. July 15, 1799; m. Lydia Hall.
> Julina (Julia), b. May 12, 1801; m. Lyman J. Smith.

BISSELL, BENJAMIN, of Benjamin; m. Mabel Griswold.

> Hiram, b. April 28, 1783.
> Warren.
> Benjamin.
> Rufus.
> Rachel.
> Nancy.
> Mabel.
> Rhoda.
> Annis.
> Lois.
> Minerva.
> Rufus.

BISSELL, HIRAM, of Benjamin (2d); m. Betah (Bethiah) Wetmore.

> William (Captain).
> Rufus.
> Jerome.
> Hiram (Captain).
> Garry.
> Benjamin.

Lucy.
Lyman.
Joseph.
Nancy.

BISSELL, JOHN, of Joel; b. Dec. 28, 1761; m. Mary Dickinson,
Nov., 1781; she d. April 14, 1807.

> Aurilla, b. June 18, 1782.
> Almira, b. Jan. 22, 1784.
> Amos, b. Jan. 14, 1786.
> Clarissa, b. Feb. 22, 1789.
> David, b. May 26, 1791.
> Amanda, b. April 22, 1793.
> Abel, b. Aug. 26, 1796.
> William, b. June 18, 1803.
> m. Wid. Ruby Chapel, Dec. 2, 1807.
> Amanda G., b. April 20, 1811; m. (Capt.) William
> Bissell.
> Cornelia E., Aug. 13, 1812.
> Sedina L., b. Feb. 16, 1815.

BRISTOL, LEVI, m. Martha.

> Henry, b. July 13, 1792.
> Eunice, b. April 20, 1794.
> Reuben, b. July 12, 1803.

BOARDMAN, JOSHUA, m. Sarah Stockwell, Feb. 14, 1724/5.

> Elizabeth, b. Nov. 10, 1725.

BOARDMAN, OLIVER (built the John R. Landon House);
m. Sarah Danforth, May 1, 1781.

> Sally, b. Feb. 21, 1782.
> Thomas D., b. Jan. 21, 1784.
> Oliver, b. Aug. 23, 1785.
> Sherman, b. July 10, 1787.
> Polly F., b. March 28, 1790.
> Daniel, b. Feb. 1, 1792.
> Martha D., b. Dec. 19, 1793.

BOLLES, EBENEZER, from New London, Conn.; d. Aug. 28, 1826; m. Abigail Penfield, Dec. 20, 1789; she d. Dec. 29, 1844.

Samuel P., b. Feb. 25, 1791; d. Sept. 18, 1792.
Ebenezer W., b. Feb. 2, 1793.
Samuel P., b. June 2, 1795; d. April 11, 1875. ÷
Joshua, b. Aug. 20, 1797; d. Jan. 15, 1799.
George, b. Nov. 27, 1799.
Henry, b. March 4, 1802; d. March 5, 1849.
Margaret C., b. Jan. 2, 1806.
William, b. April 12, 1808.

BROOKER, SAMUEL, m. Polly Peck, April 20, 1797.

Warren, b. July 27, 1799.
Russell, b. Dec. 29, 1802.
Ursula, b. Oct. 17, 1804.
Mary, b. July 16, 1807.
John Chester, b. Sept. 26, 1810.
Samuel, b. April 13, 1813.
Martin, b. April 5, 1816.

BUCK, EZEKIEL, from Wethersfield; d. Feb. 3, 1726/7; m. Lydia Bronson, Dec. 15, 1724.

Abisha, b. Nov. 10, 1725.

BUCK, ABISHA, m. Esther Clinton, Sept. 20, 1750.

Mercy, b. Aug. 30, 1751.
Joseph, b. Feb. 1, 1754.

BUCK, JESSE, m. Sally Coleman, May 17, 1803.

Henry C., b. Aug. 21, 1804.
Mary O., b. Sept. 24, 1806.

BUELL, or BEWELLE, or BEVILLE, WILLIAM, was born in Chesterton, Huntingdonshire, England, about 1610; supposed to have left England in the company under the charge of Rev. Mr. Warham in 1630. He settled in

Dorchester, Mass.   He removed to Windsor, Conn., in
the fall of 1635 or spring of 1636, where he died Nov.
23, 1681.   Married Mary ————, Nov. 18, 1640; she
d. Sept. 1, 1684.

Samuel, b. Sept. 2, 1641.

Mary, b. Sept. 3, 1642; m. Simon Mills of Windsor,
1660.

Peter, b. Aug. 19, 1644.

Hannah, b. Jan. 8, 1646/7.

Hepsibah, b. Dec. 11, 1649.

Sarah, b. May 21, 1653/4.

Abigail, b. Feb. 12, 1655/6.

BUELL, SAMUEL, of William; removed to Killingworth on
first settlement of town in 1664; was one of the original
proprietors; d. July 11, 1720; m. Deborah Griswold,
Nov. 18, 1662, daughter of Edward Griswold of Wind-
sor; she d. Feb. 7, 1719; children were all born in Kil-
lingworth.

Samuel, 2d, b. July 20, 1663.

Deborah, b. Oct. 18, 1665.

Hannah, b. Sept. 6, 1667; d. in infancy.

Mary, b. Nov. 28, 1669.

John, b. Feb. 17, 1671; removed to Lebanon, 1695,
Litchfield 1721.

Hannah, b. May 4, 1674.

William, b. Oct. 18, 1676.

David, b. Feb. 15, 1678/9.

Josiah, b. March 17, 1680; d. young.

Mehitabel, b. Aug. 22, 1682.

Peter, b. Dec. 3, 1684.

Benjamin, b.   , 1686.

Samuel.

|| BUELL, JOHN, of Samuel, from Lebanon; d. 1746; m. Mary
Loomis, Nov. 20, 1695; she d. Nov. 4, 1768, ae. 90 or 95.

Mary, b. Dec. 11, 1696; m. Gersham Hinkley.

John, b. Feb. 1, 1698; remained in Lebanon.

Isaac, b. March 27, 1701.

Abigail, b. March 26, 1702.

Hannah, b. Dec. 7, 1703; m. John Waller.

Lois, b. March 12, 1706; m. Supply Strong.

Deborah, b. Jan. 24, 1708; m. Ebenezer Marsh.

Peter, b. May 22, 1710.

Ebenezer, b. March 16, 1713.

Solomon, b. Aug. 30, 1715.

Jonathan, b. Dec. 13, 1717.

Elizabeth, b. April 27, 1720; m. Ezra Plumb.

Rachel, b. May 22, 1723; m. Thomas Grant, son of Thomas.

‖ BUELL, PETER, of John, m. Avis Collins, Dec. 26, 1734, sister of T. Collins; she d. Nov. 1, 1754.

Archelus, b. April 14, 1737.

Peter, Jr., b. Oct. 12, 1739; d. Jan. 30, 1797.

Lucretia, b. April 26, 1742 (or April 7); m. Benjamin Webster, Jr.

Avis, b. Jan. 26, 1744/5; m. Thomas Catlin.

Ashbel, b. April 29, 1747; d. Sept. 6, 1753.

Ann, b. April 24, 1750; d. Sept. 10, 1753.

Dan, b. Dec. 18, 1752; d. Oct. 17, 1770.

BUELL, EBENEZER, of John; d. Feb. 28, 1801; m. Dorothy Gillett, Oct. 19, 1736; she d. June 24, 1767, ae. 64 y. 5 m. 14 d.

John, b. June 25, 1737; d. Nov. 6, 1737.

Mary, b. June 16, 1738; d. Nov. 12, 1738.

Dorothy, b. May 19, 1739.

Azubah, b. Aug. 27, 1740.

Chloe, b. Aug. 10, 1742; d. Oct. 21, 1742.

Hannah, b. July 19, 1743.

Chloe, b. April 12, 1745.

Ebenezer, Jr., b. March 26, 1747; d. May 26, 1823.

Sarah, b. March 11, 1749.

John, b. Oct. 11, 1751; d. June 12, 1824.

m. Ruth Lewis.

Obed, b. April 25, 1769.

Esther, b. Feb. 1, 1772.

BUELL, SOLOMON, of John; m. Eunice Griswold, Jan. 19,
1737/8; she d. Aug. 7, 1771, ae. 51.

Salmon, b. Oct. 14, 1739; m. ———— Catlin.

Dorcas, b. July 14, 1742.

Ira, b. Feb. 20, 1744/5; m. Asenath Woodruff.

James, b.   , 1750.

Solomon, b. Jan. 7, 1754. (So recorded. Genealogy
says 1748.)

BUELL, JONATHAN, of John; d. Aug. 20, 1796; m. Lydia
Landon of Southampton, Dec. 10, 1741; she d. June,
1812, ae. 90.

Lydia, b. Nov. 11, 1742; m. John Collins.

Jesse, b. April 10, 1748; d. May, 1818.

Nancy, b. Aug. 16, 1750.

Jonathan, b. June 9, 1753; d. Feb. 12, 1847.

Isaac, b. Sept. 3, 1755.

Timothy, b. May 3, 1757; removed to Bloomfield,
N. J.

Ashbel, b. Aug. 6, 1759; d. Oct. 10, 1841.

Mary, b. Nov. 1, 1745; d. Oct., 1835; m. J. Judd of
Farmington; m. Col. Lyman.

Lucretia, b. June 3, 1763.

Pitt, b. Jan. 3, 1767; d. Nov., 1830.

BUELL, ARCHELUS, of Peter, m. Mary Landon, May 3, 1758.

Ann, b. March 27, 1759; m. Phineas Merrill.

Mary, b. April 16, 1761; m. Benjamin Peck, Jr.

Ashbel, b. Jan. 10, 1765; m. Huldah Webster.

Norman, b. April 9, 1767.

Olive, b. Dec. 9, 1769.

Candace, b. Dec. 12, 1772.

David, b. Feb. 24, 1776; d. Jan. 10, 1859.

Cromwell, b. May 14, 1768; d. Jan. 30, 1859.

Ward, b. Nov. 1, 1782; d. young.

BUELL, PETER, Jr., of Peter; m. Abigail Seymour, daughter
of Zackary Seymour, Dec. 25, 1766.

William, b. Nov. 27, 1767; m. Abigail Bacon.
Abigail, b. May 3, 1770; m. Melancton W. Wells.
Rachel, b. May 17, 1773; m. John Wells.
Jonathan, b. May 8, 1776; m. Abigail Bush.
Charles, b. Oct. 1, 1778; m. Susannah Bull.
Samuel, b. Sept. 27, 1782; m. Minerva Wadhams.

BUELL, SALMON, of Solomon; m. Margaret Catlin, daughter
of John Catlin.

Rachel, b. Oct. 16, 1761; m. Daniel Starr.
Anne, b. Nov. 3, 1763; m. Reuben Webster.
Molly, b. Aug. 5, 1765; m. George Marsh.
Salmon, Jr., b. June 9, 1767; m. Lydia Marsh. He
    died Jan. 3, 1868.
Margaret, b. July 9, 1769; m. Claudius Webster.
Eunice, b. Aug. 8, 1771; m. Howel Bull.
Lois, b. Dec. 22, 1774; m. Stephen Ross.
John, b. Sept. 10, 1777.
David, b. Sept. 17, 1781; m. Anna Webster, who m.
    Ste. Russel.
James, b. June 16, 1784; m. ———— Center.

BUELL, SOLOMON, Jr., of Solomon; m. Wid. Mary Catlin,
1774.

Katherine, b. March 5, 1775; d. Aug. 10, 1777.
Dorcas, b. Feb. 13, 1777; m. James Blake.
Albert H., b. April 16, 1779.
Katherine, b. March 25, 1781.
Ira, b. about 1783; m. Sally North.
Harvey.
Truman, b. about 1787.
Augustus, b. about 1790.

BUELL, EBENEZER, Jr., of Ebenezer; d. May 26, 1823; m.
Hannah Plumb, Nov. 24, 1768; she d. Sept. 6, 1835,
ae. 86.

A son, b. Feb. 28, 1769; d. same day.
Elizabeth, b. June 7, 1770.
John.
Miles, b. Aug. 28, 1772; d. Jan. 4, 1858.
Lorain, b. Oct. 16, 1776.
Truman, b. April 21, 1786.

BUELL, JAMES, of Solomon; m. Asenath Woodruff, dau.
Nathaniel Woodruff, abt. 1770.

Ursula, b. about 1771.
Polly, b. about 1773.
Ezekiel, b. Oct. 27, 1775.

BUELL, ABRAHAM, m. Sarah Stone, May 20, 1759.

Asahel, b. Dec. 18, 1761; d. May 31, 1860.
Huldah, b. Feb. 10, 1764.
Dorcas, b. Dec. 10, 1765.
Annis, b. Dec. 3, 1767.
Ezra, b. Sept. 18, 1769.
Enos, b. March 11, 1772.

BUELL, IRA, of Solomon, Sr.; m. Prudence Deming, Jan. 29,
1767, sister of Julius Deming.

Eunice.
Elizabeth.
Mehitabel.
Ozias.

BUEL, DAVID, removed to Troy, N. Y., 1798; b. June 24, 1747;
d. 1836; m. Rachel McNeil, Oct. 3, 1771, daughter of
Alexander McNeil.

Mary H., b. Aug. 11, 1778.
Sally, b. March 12, 1780; m. John Bird; d. Aug. 4,
1815.
Alex. McN., b. July 17, 1782.
David, b. Oct. 22, 1784; m. Harriet Hillhouse; d.
Troy, ae. 76.

Samuel, b. June 17, 1788; d. unmarried.

Charlotte, b. Aug. 14, 1790; m. John Kirby.

Mary Delia, b. June 26, 1792; m. Herman Knicker-
bocker.

BUELL, OZIAS, of Ira; b. in Lfd., April 8, 1769; d. Burling-
ton, Vt., Aug. 5, 1832.

BUELL, JOHN, of Ebenezer; m. Lydia Peck.

Samuel (Capt.), b. March 28, 1783; d. Nov. 26, 1863;
m. Anna Wadhams.

Lydia, b.   ; m. Buel Sacket.

BUELL, OBED, of Ebenezer; d. July 15, 1848; m. Honor
Marsh, Dec. 25, 1788, daughter of Elisha.

Belinda, b. Dec. 13, 1789; d. Sept. 25, 1791.

Elias, b. Nov. 16, 1790.

Elisha L., b. Nov. 14, 1792.

Andrew, b. March 8, 1794.

Silas, b. June 25, 1795.

Melinda, b. March 28, 1798.

Honour, b. June 17, 1801.

Almira, b. Feb. 11, 1803.

Augustus O., b. Feb. 10, 1805.

William E., b. March 12, 1807.

Chas. Henry, b. Nov. 28, 1809.

BUELL, ASHBEL, of Archelus; m. Huldah.

Ward, b. Sept. 4, 1788.

Candace, b. April 2, 1791.

Loveman, b. April 22, 1794.

|| BUELL, NORMAN, of Arkhelus; m. Rhoda Peck, about
1790.

Norman, b. about 1790; d. Nov. 17, 1865; m. Marina
Webster.

William, b. about 1795; m. Lucretia Webster.

BUELL, SALMON, Jr., of Salmon; d. Jan. 3, 1868, in his 101st
    year; m. Lydia Marsh,   , 1793; she d. Oct., 1808.

    George M., b. Aug. 2, 1794.
    ‖ Frederick, b. Sept. 28, 1797; d. Oct. 23, 1863.
    m. Jerusha Marsh, March, 1809; she d. June 27, 1845.

‖ BUELL, JONATHAN, of Peter, Jr.; m. Abigail Bush, Feb. 7,
    1802.

    Samuel Bush, b. Jan. 26, 1803.
    Geo. Seymour, b. Dec. 5, 1804.
    Marian, b. Feb. 18, 1807.
    Abbe and Rachel, b. April 12, 1810.
    Jane, b. June 5, 1812.
    Maria, b. Feb. 3, 1815.

‖ BUELL, SAMUEL, of Peter, Jr.; m. Minerva Wadhams, June
    28, 1819.

    Henry Wadhams, b. April 7, 1820; d. Jan. 30, 1893.
    Edward Collins, b. May 10, 1824.
    Mary Jane, b. Dec. 11, 1827.
    Maria Louise, b. June 15, 1831.
    Samuel David, b. June 15, 1832.

BULL, ISAAC, from Hartford; m. Eunice Gillett of Windsor.
    Eunice, b.   ; m. William Stanton.
    Isaac.
    Roger.
    Caleb.
    Ursula, b.   ; m. ——— Philips; m. Wm.
      Bull; m. Gamaliel Painter.
    George McK.
    Asa.
    Aaron.
    Susanna, b.   ; m. Uriah Tracy.

BULL, GEO. McKNIGHT, of Isaac; m. Ruth Catlin, April 11,
    1771; she d. Aug. 13, 1789, ae. 39.
    Hosea, b. Dec. 24, 1771.

Susanna, b. April 7, 1778.

Huldah, b. March 16, 1780.

William, b. March 20, 1784; d. in Chicopee, Mass., April, 1861.

Eunice, b. May 25, 1787; m. ———— Frost of Springfield, Mass.

BULL, ASA, of Isaac; m. Tamar Little, June 17, 1773.

Elizabeth, b. Sept. 25, 1773.

Serina, b. Nov. 13, 1774.

Horace, b.   , 1781.

m. Anna (probably).

BULL, CALEB, of Isaac; m.

Howel, b. April 8, 1795; m. Eunice Buell.

Polly.

George.

Billy.

BULL, JONATHAN, m. Mary; his will proved Dec. 1, 1809; property left to wife, Mary, and children of sisters, Sarah Butler and Abigail Lee and friend Jonathan Bull of Hartford.

BULL, CALEB, of Hartford, brother of Isaac from Hartford; m.

William, b.   ; m. Ursula Philips (nee Bull).

Caleb.

James.

BULL, AMOS, of Hartford; m. ————.

Julia, b.   ; m. Charles Spencer.

Charlotte T., b.   ; m. William Deming.

BULL, ISAAC, Jr., of Isaac; m. ————.

Isaac.

Horace.

Mary.

Lorenzo.

Ursula.

Marcus.

BULL, LORENZO, of Isaac, Jr.; m. Elizabeth Goodwin, sister
of Oliver Goodwin.

    Lorenzo.

    Henry.

BURGESS, JAMES, from Haddam, Conn.; m. ————.

    Ezra.

    James.

    Irene, b.   ; m. Robert Lemmon.

    Mary, b.   ; m. Benjamin Throop.

    Mrs. Bartholomew.

BURGESS, EZRA, of James; m. Rosanna Smith, Sept. 8, 1771.

BURGESS, JAMES, of James; m. Lydia Bennett,   ; she
d. Jan. 12, 1815, ae. 70.

    Bennett.

    Joseph.

    Lydia, b. Feb. 14, 1780; m. Frederick Smedley.

    Hannah, b.   ; m. ———— Baldwin.

    Olive, b.   ; m. Amos Bishop.

    Phebe, b.   ; m. Bill Bishop; m. Stephen Ames

    James.

    Alphence.

BURGESS, EBENEZER, of James; m. Martha Throop.

    Leman.

    A son.

    Ezra.

    Eben.

    Asa.

BURGESS, JAMES, of James, Jr.; m. Lucy Barnes.

    Nine children.

BURGESS, EZRA, of Ebenezer; m. Nabby Howe, Feb. 11, 1798.

    Sheldon.

    Junius, b. Aug. 19, 1801.

    Fanny, b. July 26, 1803; m. Grandison Loomis.

    Abby, b. May 10, 1809; m. Albert Coann.

BURGESS, EBEN, of Ebenezer; m. Olive Smedley.
Lucy.
Henry.
Gideon.

BURGESS, ASA, of Ebenezer; m. Polly Allen.
Alanson.

BURGESS, SHELDON, of Ezra; m. Sarah O'Carr.
George C.
Sarah.

BURGESS, JUNIUS, of Ezra; d. Nov. 28, 1873; m. Sarah Eliza
Treat.
William Lewis.

BUMP, PHILIP, from Philadelphia; m. Mary Hosford, Feb.
4, 1722/3.

BUNCE, JACOB, m. Martha.
Jonas, b. May 18, 1740.

BUSHNELL, ELIJAH, m. Eunice.
Zerriah, b. Dec. 12, 1772.
Aaron, b. Nov. 12, 1774.

BUSHNELL, ENSIGN, m. Dotha (or Theodosia) Bishop.
Horace (D.D.), b. April 14, 1802; d. Feb. 17, 1876.

BURTON, EPHRAIM, m. Mary Orton, July 10, 1788.

BUTLER, CHARLES, m. Mary Thomson, May 9, 1790, sister
of Isaac Thompson of New London.
Mary, b. Sept. 8, 1791.
Nancy, b. Aug. 9, 1793.
William, b. June 18, 1795.
Mary, b. June 3, 1797.
Harriet, b. July 27, 1799.

BUTLER, DAVID, Rev., m.

> Clement M.

> Rev. David Butler was born in Harwinton, Conn.; ordained Presbyter June 9, 1793; rector of St. Michael Epis. Church in Litchfield 1794-1799; resided on Harris Plain; removed to Fairfield County and thence to Troy, N. Y., and died there July 11, 1843, ae. 80.
> Clement M. was Chaplain U. S. Senate; settled in Washington.

CAMP, ABEL, from Waterbury, Conn.; m. Sabra Marsh, Jan. 9, 1769; she d. May 19, 1807.

> Rebecca, b. March 24, May 24, or May 29, 1769; m. Elisha Mansfield.
> Sabra, b. June 6, 1771; m. Isaac Ensign.
> John, b. March 19, 1773.
> Eunice, b. Jan. 30, 1775; m. Hezekiah Murray.
> Phineas, b. Jan. 11, 1777; d. Nov. 18, 1794.
> Lydia, b. June 9, 1780; m. John P. Northrop.
> Susan, b. May 8, 1782; m. Heman Bissell.
> Abet (Albert), b. Dec. 28, 1787.
> m. Melicent Porter, May 29, 1808.

CAMP, JOSEPH E., Rev., m. Rhoda Turner, Dec. 3, 1795.

> Albert B., b. Feb. 16, 1797; d. at Bristol, 1866.
> Ralph G., b. June 14, 1799; d. at Baraboo, Wis., Nov. 5, 1872.
> John P., b. June 15, 1801; d. Dec. 3, 1817.
> David B. W., b. Feb. 8, 1804.
> Elizabeth S., b. March 3, 1807.
> Joseph W., b. March 12, 1809.
> Jabez McCall, b. June 26, 1811.

CASE, DAVID, m. Sarah.

> Mary, b. April 13, 1752.

4

CATLIN, THOMAS, of Hartford, 1646-1662; m.
>   John.
>   Mary, baptized in Hartford, May 6, 1649.

CATLIN, JOHN, of Thomas of Hartford; m. Mary Marshall,
July 27, 1665.
>   Mary, b. July 10, 1666.
>   Samuel, b. Nov. 4, 1673; removed to Litchfield.
>   John, b. April 27, 1676; d. at sea.
>   Thomas, b. Aug. 27, 1678.
>   Benjamin, b. Feb. 1, 1680; settled in Harwinton; d.
>   1765.

CATLIN, SAMUEL, of John, from Hartford; m. Elizabeth Nor-
ton of Farmington, Jan. 5, 1702/3; she d. Aug. 4, 1724.
>   John, b. Oct. 20, 1703.
>   Thomas, b. Feb. 17, 1705/6.
>   Samuel, Jr., b. March 27, 17—.
>   Isaac, b. Nov. 11, 1712; d. Jan. 5, 1803.
>   Abijah, b. April 6, 1715, of Harwinton.
>   Mary, b. March 26, 1717.
>   Ebenezer, b. July 25, 1724.
>   A daughter, b. Sept. 17, 1719; d. Sept. 27, 1719.
>   m. Sarah (Nichols) Webster, daughter of Cyprien
>   Nichols and widow of William Webster, May 13,
>   1725.

CATLIN, JOHN, of Samuel; b.   ; d. 1765, ae. 65; m.
Margaret Seymour, aunt of Major Moses Seymour,
Aug. 25, 1731.
>   John, b. July 30, 1732.
>   Eli, b. Jan. 22, 1733/4.
>   Theodore, b. Oct. 16, 1735.
>   Alexander, b. Jan. 6, 1738/9.
>   Margaret, b. Nov. 4, 1741.
>   Ann, b. Oct. 12, 1743.
>   Ashbel, b. Sept. 10, 1745.
>   David, b. April 21, 1747.
>   Roswell, b. July 30, 1752.

CATLIN, THOMAS, of Samuel; d. Nov. 14, 1754; m. Abigail Bissell, May 8, 1732.

> Elizabeth, b. May 1, 1733.
> Uriah, b. June 15, 1735.
> Thomas, b. June 18, 1737.
> Samuel, b. Nov. 6, 1739.
> Roger, b. April 19, 1742.
> Abigail, b. Nov. 5, 1744.
> Abel, b. Feb. 25, 1746/7.
> Lucina, b. Aug. 9, 1749; d. Aug. 30, 1758.

CATLIN, ISAAC, of Samuel; m. Elizabeth Kilborn.

> Elizabeth, b.   ; m. Amos Barnes.
> Elisha.
> Isaac, b. Aug. 20, 1739.
> Charles.
> Irene.
> Polly.
> Ruth.
> Sarah.
> m. Desire Ives (a widow).
> Bradley, b. Oct. 12, 1758.
> Caroline, b. April 1, 1760.
> Hannah, b. Oct. 14, 1762.
> Samuel, b. Dec. 6, 1764.
> Abigail, b. July 19, 1767.

CATLIN, ELI, of John; m. Elizabeth Ely.

> Lois, b. March 25, 1758.
> Polly.
> Putnam, b. Nov. 8, 1764; father of Geo. Catlin the painter.
> Clara, b.   , 1755; m. Epaphrus Wadsworth.

CATLIN, THEODORE, of John; m. Mary Goodwin, Nov. 12, 1758.

> Phineas, b. Nov. 27, 1758; d. Jan. 7, 1759.

Phineas, b. Oct. 22, 1760.
Israel, b. Sept. 15, 1762.
Margaret, b. Nov. 16, 1764.
Theodore.
Abel.
Lois.
Clarissa.
Arma.
Horace.

CATLIN, ALEXANDER, of John; m. Abigail Goodman.

Abigail.
Lynde.
Moses.
Aaron.
Alexander.
Almira, b.   ; m. Stephen Twining.
Ursula.
Guy.

CATLIN, ASHBEL, of John; moved to Shoreham, Vt., in 1800;
    m. ――――― Palmer, daughter of Rev. Solomon Palmer.

John B.
Theron.
Nancy.
    m. Huldah Gross, nee Seymour, of Hartford.
    Sally, b.   ; m. Capt. Seth Landon.
    Ashbel.
    Margaret.
    Ditha.
    Arianda.

CATLIN, DAVID, of John; m. Rhoda Peck.

Erastus.
David.
Luther, b. Oct. 24, 1784; d. Bridgewater, Pa., Feb. 5,
    1885, ae. 101.
Antha.

m. Anna Parmelee.

Percy.

3 or 4 daughters.

CATLIN, ROSWELL, of John; m. Rhoda Smith.

> Seymour.
>
> Rhoda.

CATLIN, JOHN, of John; m. Sarah Landon.

> James.
>
> Asa.
>
> Wait.
>
> John.
>
> Anna, b.   ; m. Parley Hubbard, father of John
> H. Hubbard.

CATLIN, URIAH, of Thomas; m. Rebecca Kilborn, Dec. 29, 1765; d. Sept. 14, 1806, ae. 61.

> Horace, b. April 29, 1768.
> Rebecca, b. Oct. 31, 1769.
> Horace, b. Aug. 24, 1771.
> Herman, b. March 4, 1773.
> Olive, b. Nov. 20, 1774.
> Lucina, b. Jan. 12, 1777.
> Persis, b. Aug. 19, 1789.

CATLIN, THOMAS, Jr., of Thomas; d. Dec. 1, 1829; Lieut. in Rev. War; prisoner at New York; m. Avis Buell, Dec. 25, 1763.

> Thomas, 3d, b. Nov. 28, 1764.
> Truman, b. May 7, 1767; m. Wid. Mary Peck.
> Abel (Doct.), b. March 16, 1770.
> Levi, b. Nov. 11, 1772; m. Elizabeth Landon, dau. of Seth.
> Avis, b.   ; m. Jacob McCall.

CATLIN, SAMUEL (Doct.), of Thomas; m. Hepsibah Marsh, Feb. 16, 1766.

Richard, b. July 31, 1766.

Anne, b. July 28, 1768; m. Jesse Stoddard.

Nabbe (Abigail), b. April 30, 1771; m. Geo. Baldwin Wessells.

Robert (Doct.), b. March 29, 1773.

Rachel, b. Nov. 6, 1775; m. Amos Benton.

Sally, b. Aug., 1783; m. Guy Hand.

Marian, b. Aug. 21, 1789; m. Hiram J. Hand.

Abigail (probably Nabbe above), b.   ; m. Geo. B. Wessells.

CATLIN, ROGER, of Thomas; removed to Herkimer Co., N. Y.; m. Elizabeth McNeil, daughter of Adam, Oct. 13, 1763.

> Elizabeth, b. May 12, 1764.
> Roger.
> Warren, b.   ; d. young.
> Warren.

CATLIN, ABEL, of Thomas, Sr.; d. in Bristol; m. Dorothy Seymour, sister of Mrs. Peter Buel, Nov. 20, 1776.

> Dennis, b. March 16, 1777.
> Polly, b.   ; m. John McNeil.
> Betsey, b.   ; m. ———————— Boardman.
> Dolly.
> Harry.
> Mary, b.   ; m. Truman Buell.
> Nabby, b.   ; m. Asahyl Peck.
> Baron.

CATLIN, PHINEAS, of Thomas, Chemung County, N. Y.; m. Sally Ross.

> Brandt.
> Sally.
> Phineas.
> Lucy.
> Theodorus.

CATLIN, ISRAEL, of Theodore, Fayette, N. Y.; m. Ditha Ross.

CATLIN, THEODORE, of Theodore, Burlington, Vt.; m. Anna
Barstow, Jan., 1808.

> Jasper T.
> Mary Ann.
> Esther.
> Horace.
> George.
> Moses.
> Alexander.
> Lucius.
> Phineas H.
> Mark B.
> Lucia Arma.
> Sophia.

CATLIN, ABEL, of Theodore; m. Betsey Hollister.

> Leman.
> Arma.
> William.
> George.
> Israel.

CATLIN, LYNDE, of Alexander, New York City; m. Helen
Kip.

> Mortimer.
> Mortimer.
> Mary.
> Charles T.
> George.

CATLIN, GUY, of Alexander, Burlington, Vt.; m. Melinda
Wadhams, July 25, 1808.

> Alexander.
> Henry W.
> Helen M.
> Almira T.
> William Guy.

CATLIN, JOHN, of Ashbel; m. Rosa Ormsby.
> Bushrod.
> Horatio.
> Ashbel B.
> Horatio.
> Steptoe.
> John.

CATLIN, THERON, of Ashbel; m. Lydia Robinson.
> William.
> Linus.
> Ursula.

CATLIN, ASHBEL, of Ashbel, Shoreham, Vt.; m. Sylvia Leonard, Feb., 1809.
> Albert L.
> Edgar S.
> Lynde.
> David S.
> Miner B.

CATLIN, THOMAS, 3d, of Thomas, Jr.; m. Mary Coe, March 1, 1787.
> Anna, b. March 21, 1788.
> Eliza, b. Aug. 31, 1791.
> Julia, b. July 25, 1793; m. Elisha L. Buell.
> Lamira, b. April 11, 1799.
> Cyrus, b. July 17, 1801.
> Truman M., b. July 10, 1803.

CATLIN, ISAAC, Jr., of Isaac; m. Anna Barnes of Litchfield.
> Betsey.
> Isaac.
> Irene.
> Anna.
> Rhoda, b.   ; m. Dea. Benjamin Catlin of Harwinton, Conn.
> Hosea.
> Clorinda.

Elisha.

Sabrina.

m. Huldah Matthews of Plymouth, Conn.

CATLIN, ELISHA, of Isaac (Jamestown, N. Y.); m. Hannah Thompson.

Hannah.

Rachel.

William.

CATLIN, PUTNAM, of Eli (Susquehanna County, Pa.); m. Polly Sutton,   , 1789.

Charles.

Henry.

Clara.

Juliette.

George (the artist).

Eliza.

James.

Mary, b.   ; m. Asa Hartshorne; d. Hamilton, N. Y., June 9, 1848, ae. 47.

Julius.

Lynde.

Sarah.

Richard.

John.

Francis P.

CHAMBERLIN, MOSES, m. Jemima Wright, dau. of Remembrance Wright.

Lydia, b. Jan. 30, 1745/6.

Remembrance, b. Dec. 19, 1747.

CHAMPION, JUDAH, Rev., from East Haddam, Conn.; m. Elizabeth Welch, Jan. 4, 1758, cousin of David Welch.

Elizabeth, b. Sept. 1, 1759.

Nancy, b. Sept. 17, 1763; m. John R. Landon.

Irene.

CHASE, AMOS, Rev., m. Rebecca Hart of Griswold, Conn.; she
    d. July 25, 1791.
    m. Joanna Lanman, June 27, 1792; she d. Aug. 19, 1848,
        ae. 81.
        Rebecca H., b. April 17, 1793.
        Sally L.
        Joanna B., b. June 29, 1796.
        Betsey B.
        Joseph L., b.   ; d. Titusville, Pa., April 30, 1879,
        ae. 80; cousin Salmon P. Chase.
        Daniel.
        Charles, b.   ; d. Painesville, O., Dec. 22, 1878,
        ae. 76.
        James L.
        Edward.

CHASE, LOT, m. Rhoda Peck, April 3, 1783.
        Sally, b. Dec. 27, 1783; m. Cromwell Buell.
        Charles, b. Aug. 30, 1785; m. Maria C. Goodwin.
        Philo, b. Aug. 30, 1791; m. Anne Moss.

CLARK, JAMES, m. Rhoda Gibbs, Dec. 21, 1762.
        Lois, b. Aug. 10, 1763.
        Rhoda, b. July, 1765.
        James, b. Sept. 11, 1767.
        Benjamin, b. Nov. 5, 1769.

CLARK, LEMUEL, m. Lois.
        Sarah, b. July 1, 1770.
        Martha, b. Sept. 6, 1772.

CLARK, WILLIAM, m. Jerusha Church, June 27, 1771.
        Samuel, b. Feb. 2, 1772.

CLARK, EBENEZER, from Waterbury; m. Mary Tomkins,
    Nov. 10, 1790.
        Mabel, b. Sept. 27, 1791; m. Isaac McNeil; m. Joel
        Bostwick.
        John, b. Nov. 10, 1792.

m. Elizabeth Pritchard, March 10, 1795.

Ebenezer, b. June 4, 1797.

m. Lucretia Beach, Sept. 25, 1802.

Lewis, b. April 29, 1812.

Ebenezer, b. March 26, 1820.

CLARK, STEPHEN, m. Roxanna.

Roxanna, b. Aug. 28, 1803; m. Samuel P. Bolles.

Wm. Mather, b. March 26, 1805.

Sarah G., b. April 16, 1808; m. Jason Whiting.

CLEAVELAND, AARON, m. Eunice.

Dyer.
Aaron.
Benjamin.
Matthew.
Olive.
Sybil.
Esther.
Anne.
Polly.

CRAMTON, JOSEPH, m. Mary.

Neri.
James.
Miles.
Elon.

CRAMTON, NERI, of Joseph; m. Abigail Field, July 18, 1768.

Augustus, b. June 10, 1769.

CRAMTON, MILES, of Joseph; m. Rhoda Kiyes, March 12, 1770.

Rachel, b. Aug. 29, 1770.

Mabel, b. March 1, 1772.

CRAMTON, ELON, of Joseph; m. Avis Webster, Jan. 1, 1783.

Benjamin, b. Aug. 4, 1783.

Anne, b. May 19, 1785; m. Charles McNeil.

James, b. June 16, 1788.

Elon, Jr., b. April 21, 1790.

Avis, b. Sept. 21, 1794; m. Caleb Pickett.

Polly, b. Nov. 11, 1796; m. Gurdon Filley.

Elizabeth, b. June 22, 1806.

CLEAVER, TOBIAS, from Middletown; d. Middlebury, Vt.,
Jan. 1, 1855, ae. 90; m. Sylvia Adams, July 15, 1793; she
d. Aug. 25, 1816, ae. 53.
> Celia, b. July 12, 1794.
> Ciarissa, b. Nov. 1, 1796.
> Eliza, b. April 9, 1798.
> Maria A., b. April 21, 1800.
> Amelia, b. Dec. 5, 1803.
> Caroline, b. July 30, 1806.

CLEMONS, JOHN.
> John, Jr.
> Joel.

CLEMONS, JOEL, of John; m. Sarah Pettibone, March 25,
1757.
> Sabrina, b. Feb. 6, 1758.
> Samuel P., b. May 31, 1769.

CLEMONS, JOHN, Jr., of John; m. Martha Baldwin, Dec. 26,
1752; she d. Jan. 8, 1759.
> Abigail, b. Aug. 14, 1753.
> Martha, b. June 10, 1755.
> John, b. Aug. 12, 1757.
> m. Rachel Northrop, Nov. 20, 1759.
> Lucina, b. Aug. 20, 1760.
> Pamela, b. March 14, 1762; m. Ebenezer Landon.
> Abel, b. May 6, 1764.
> Mabel, b. Nov. 6, 1769.

CLEMONS, ABEL, of John Jr.; m. Mehitabel Carter, Aug. 4,
1784.
> Harvey, b. Oct. 6, 1786; d. Dec. 28, 1868, at Guil-
> ford, N. Y.

Dotha, b. Aug. 19, 1789.

Oren, b. Sept. 19, 1790.

Clarissa, b. Sept. 9, 1792; m. Francis Tracy, father of Abel C.

Lurey, b. Dec. 16, 1798; d. Feb. 21, 1885.

Delia, b. Jan. 8, 1800.

Abel H., b. June 15, 1802; d. March 10, 1861.

Anna, b. Dec. 26, 1805.

CLINTON, TRUMAN, m. Rhoda Peck, June 22, 1797.

Anna P., b. Oct. 10, 1799.

COE, THOMAS, m. Mary Kiyes (Wid.).

Levi, b. about 1760.

Lois, b. March 24, 1762; m. Elijah Webster, 2d.

Asaph, b. Aug. 16, 1763; d. Aug. 17, 1763.

Mary, b. Jan. 4, 1765.

Eunice, b. July 24, 1766.

Persis, b. Aug. 24, 1768.

Thomas, Jr., b. May 23, 1772.

COE, LEVI, of Thomas; m. Olive Marsh, May, 1786; she d. May, 1788, ae. 22.

m. Debby McCall, Sept., 1789.

Dier, b. June 2, 1794; m. Laura Bassett.

Ira, b. April 9, 1796.

Walter, b. Feb. 10, 1798.

Emeline, b. Feb. 2, 1801; m. Truman Kilborn.

William, b. Nov. 28, 1802; m. Maria (Coe) Bradley.

Elizabeth, b. Jan. 18, 1805.

Olive M. W., b. Oct. 29, 1808.

Levi, b. Sept. 14, 1810.

Debby, b. July 10, 1812.

Thomas M., b. Jan. 4, 1815.

COLLINS, TIMOTHY (Rev.), of Guilford; d. 1776; son of John; m. Elizabeth Hide, Jan. 16, 1722/3.

Oliver, b. March 7, 1723/4.

Anne, b. Aug. 24, 1725; m. Isaac Baldwin.

Charles, b. Aug. 5, 1727.

Lewis, b. Aug. 8, 1729.

Rhoda, b. May 3, 1731; m. Asa Hopkins; m. ————

Hyde; m. ———— Fitch; m. Abijah Peck.

Cyprian, b. March 4, 1732/3.

Ambrose, b. March 30, 1737.

John, b. June 1, 1739.

COLLINS, OLIVER, of Timothy; m. Sarah Hide, June 22, 1746.

    Timothy, b. April 16, 1748.

    Oliver, b. June 5, 1763.

    James, b. April 26, 1766.

    Mary, b.   ; m. Stephen Baldwin.

    Sarah, b.   ; m. John J. Gatta, the " Hessian."

COLLINS, CHARLES, of Timothy; m. Ann Huntington, June 18, 1752, dau. John Huntington and Mehitabel Metcalf of Lebanon, Conn.

    Lewis, b. Oct. 29, 1753.

    Elizabeth, b. Sept. 25, 1755; m. James Pierpont.

    Lois, b. Oct. 11, 1757; m. Robert Pierpont.

    Eunice, b. Oct. 11, 1757.

    Anna, b. Oct. 10, 1759.

    Charles, b. Aug. 14, 1761.

    Rhoda, b. Oct. 5, 1764; m. Evelyn Pierpont.

    Lorain, b. May 1, 1767.

    Darius, b. Nov. 8, 1769.

    David, b. May 1, 1772.

COLLINS, CYPRIAN, of Timothy; m. Azubah Gibbs, Jan. 9, 1756.

    Ambrose, b. March 28, 1756; m. Mercy Baldwin.

    Tryphena, b.   ; m. Abraham Wadhams.

    Amanda, b.   ; m. Joseph Brooks.

    Philo, b.   ; m. Olive Foot.

    Ann, b.   ; m. Moses Wadhams.

    Luranda, b.   ; m. Elijah Towner.

Rhoda, b.   ; m. Alexander Norton.
Timothy, b.   ; m. Miriam Norton.
Phebe, b. Jan. 25, 1773; m. David Wadhams.
Cyprian, b.   ; m. Huldah Norton.
Tyrannus, b.   ; m. Eliza Goodwin.

COLLINS, JOHN, of Timothy; m. Lydia Buell.

> Elizabeth, b. Aug. 5, 1766; m. Charles Marsh of Salisbury.
> Anne, b. May 17, 1768.
> Norman, b. Dec. 13, 1769.
> Lydia, b. Jan. 5, 1772; m. Hon. Rufus Stanley.
> Polly, b. June 5, 1774.
> John, b. March 5, 1776; m. Anne Gregory.
> Lucretia, b. Jan. 20, 1779; m. Daniel Goodwin.
> Hiram, b. Nov. 9, 1781.

COLLINS, WILLIAM, from Guilford, Conn.; removed to Collinsville, Ill.; m. Esther Morris,   , 1783.

> Betsey, b. Jan. 13, 1784.
> William M., b. March 18, 1786; d. Feb. 26, 1788.
> Amos M., b. March 30, 1788.
> Almira, b. July 10, 1790; m. Rev. Salmon Giddings of St. Louis.
> Augustus, b. Jan. 13, 1793.
> Anson, b. Feb. 2, 1795.
> Michael, b. May 17, 1797.
> Maria, b. June 9, 1799.
> William B., b. Nov. 6, 1801.
> Frederick, b. Feb. 24, 1804.

COLLIER, RICHARD, from Boston, a Brazier.

> Thomas.
> Polly, b.   ; m. David Moore.
> Peggy.

COLLIER, THOMAS, of Richard; editor of the *Monitor*, first paper in Litchfield.

    John A., b. at Litchfield; removed to Binghamton, N. Y.

COLLYER, JOSEPH, m. Jemima.

    Joseph, b. June 1, 1762.
    Cynthia, b. Jan. 17, 1764.

COMSTOCK, CALVIN, m. Elizabeth Watkins, Nov. 27, 1771.

COOK, NATHANIEL, m. Mary.

    Joab, b. Aug. 27, 1740.
    Job, b. Aug. 27, 1740.

COOK, NATHAN, son of Joseph of Harwinton; m. Abigail Beckwith.

    Susan.
    Augustus, b. Dec. 8, 1799.
    George, b. May 14, 1801.
    Phineas.
    Polly.
    Sabra.
    Lucretia.

COTTON, JOHN, m. Sarah Parmelee, Jan. 8, 1769.

CROSBY, TIMOTHY, m. Ruth Gibbs, Nov. 20, 1777.

    Eliakim, b. March 2, 1779.
    Ebenezer, b. Aug. 26, 1782.
    Elizabeth, b. Aug. 20, 1784.

CROSBY, SIMEON, m. Huldah Gibbs, Sept. 17, 1783.

    Erastus, b. May 30, 1784.
    Orris, b. Jan. 2, 1792.
    Ransley, b. May 11, 1793.

CHURCHILL, JONATHAN, m. Sarah Burgess.

    Sally, b. June 18, 1775.
    Jonah (Josiah), b. Jan. 11, 1777.
    Lucy, b. May   , 1779.

Leman, b. Dec. 6, 1780.
Polly, b. April 8, 1784.
Irene, b. Feb. 14, 1786.
Phebe, b. Feb. 28, 1791.
m. Comfort Woodcock.
Daniel, b. Nov.   , 1798.
Nabbe, b. July 26, 1806.
Patty Emily, b. May 13, 1808.

CHURCHILL, OLIVER, m. Eunice.

Minerva, b. Nov. 5, 1796.

CULVER, EDWARD, from Lebanon; d. April 7, 1732; m.
Daniel.
Samuel.
Ephraim.

CULVER, DANIEL, of Edward; m. Deborah Goodrich, Feb.
12, 1723/4.
Francis, b. Jan. 22, 1726/7.
Sabra, b. Oct. 16, 1729.
Joel, b. Dec. 4, 1731.
Asher, b. March 19, 1734.

|| CULVER, SAMUEL, of Edward; m. Hannah ———.
Hannah, b. April 20, 1724; d. July 15, 1770.
Jonathan, b. March 5, 1725/6.
Nathaniel, b. June 29, 1728.

CULVER, EPHRAIM, from Lebanon, of Edward; m. Hannah
Mason, Jan. 24, 1739/40.

CULVER, BENJAMIN, m. Mary Hosford, April 20, 1738; d.
May 30, 1770.

CULVER, BENJAMIN, m. Abigail Ellsworth, July 18, 1770.

CULVER, REUBEN, m. Olive Buel, March 22, 1792.

Molly, b. Aug. 7, 1793.
Hyman, b. June 14, 1795.

CULVER, ZEBULON, Lieut.; b.   ; d. Dec. 14, 1806, ae.
    90; m. Eleanor Taylor, July 30, 1740; she d. March
    29, 1805, ae. 82.

    Ruth, b. Sept. 22, 1743.
    Joel, b. May 13, 1745; removed to Canada.
    Eleanor, b. June 3, 1747.
    Ann, b. Sept. 1, 1749; m. Benjamin Ames.
    Azariah, b. Sept. 23, 1751.
    Rachel, b. Dec. 16, 1753; m. Merriman; m. A. Moss.
    Irene, b. March 28, 1757.
    Stephen, b. March 15, 1759.
    Hannah, b. May 2, 1761.
    Eunice, b. Dec. 31, 1762.
    Lois, b. Aug. 4, 1765.
    Sabra, b. March 16, 1768.
    Zebulon, Jr.

CULVER, AZERIAH, of Zebulon; m. Elizabeth Baldwin, Feb.
    29, 1776.

    Lucretia, b. Nov. 30, 1776; d. March 18, 1778.
    Abner, b. Feb. 24, 1778.
    Daniel, b. Dec. 20, 1785.
    Levi, b. Sept. 17, 1787.

CULVER, ZEBULON, Jr., of Zebulon; m. ————.

    Zuer, b.   ; removed to Great Bend, Pa.
    Sabra.

CULVER, STEPHEN, of Zebulon; m. ————.

    Archibald.

CULVER, ARCHIBALD, of Stephen; m. ————.

    Charles.
    Sabra.

CULVER, ASHER, m. Eunice Beach, Sept. 18, 1755.

CULVER, JOSHUA, m. Hannah Cook, Aug. 3, 1741; she d.
    July 3, 1758.
        Hannah, b. Sept. 30, 1743.
        Tamur, b. Jan. 14, 1744/5.
        Joshua, b. Oct. 30, 1746.
        Aaron, b. April 7, 1749.
        Lucia, b. Jan. , 1752.
    m. Avis,   ; she d. Feb. 2, 1796, ae. 63.
        An infant son, b. Aug. 1, 1757; d. Aug. 11, 1757.
        Lois, b. Oct. 16, 1758.
        Avis, b. April 10, 1761.
        Rhoda, b. Oct. 2, 1763.
        Sarah, b. April 19, 1766.

CULVER, AARON, m. ————.
        Aaron.

CULVER, EBENEZER, m. Mary Stone, Oct. 24, 1745; she
    d. July 17, 1762.
        Benjamin, b. July 28, 1747.
        Temperance, b. Jan. 6, 1750.
        Ebenezer, b. Sept. 20, 1752.
        Ashbel, b. March 15, 1755.
        Dianna, b. Sept. 2, 1757.
        Abel, b. May 7, 1760.
        Mary, b. July 1, 1762.
    m. Adah Gray, Dec. 5, 1762; she d. Nov. 22, 1765.
        Selphina, b. Aug. 8, 1764.

CULVER, JONATHAN, of Samuel; m. Sarah Hinman, Nov.
    16, 1749.
        Abigail, b. Sept. 16, 1750.
        Edward, b. April 20, 1753.
        Sarah, b. April 5, 1755.
        Jonathan, b. May 31, 1758.

CULVER, NATHANIEL, of Samuel; m. Ruth Kilborn,
    Nov. 23, 1752.
        Susanna, b. April 16, 1754.

Elizabeth, b. Jan. 15, 1758.
Philomela, b. March 11, 1760.

CURTISS, DANIEL, m. Lois (Stamford?).

Philena, b. Oct. 7, 1779; m. Bille Turner.
Polly, b. Sept. 13, 1782; m. Isaac Newton.
Eli, b. Sept. 5, 1786; m. Nancy Turner.

CURTISS, GIDEON, m. Zerviah.

Huldah, b. April 26, 1789.
Warren H., b. April 14, 1790.
Gideon, b. May 11, 1792.
Gilbert, b. Oct. 28, 1794.

CURTISS, JOSEPH, of Wallingford; m. Lydia Marsh.

Noyes.
Garner.
Betsey.
Jason.
Orrin.
Harlow, b.   ; m. Sally Perkins.
Jerry.

CURTISS, GARNER, of Joseph; m. Annis Warner.

Augustus.
Henry.
m. Jane Warner.
George.

CURTISS, JASON, of Joseph; m. Phebe Turner.

Rosetta.
Emeline.
Garner.
Rodney.
Philinda.
Annis.
Edward.
Mary J.
Elijah.

CURTISS, ORRIN, of Joseph; m. Harriet Cleveland.

    Lydia.

    Wallace.

    Sheldon.

    Purton (Burton).

    Sarah.

    Betsey.

CURTISS, JERRY, of Joseph; m. Maria Castle.

    Eliza.

    Martha.

DARE, GEORGE, m. Sarah Bishop, Dec. 2, 1778.

    Samuel, b. Sept. 13, 1779.

DARE, SAMUEL, of George; m. Hannah Bradley, Sept. 15, 1799.

    Electa, b. Aug. 24, 1800.

DARIN, JOSEPH, Jr., m. Elizabeth Bartholomew, Dec. 14, 1738.

    Arauna, b. Jan. 9, 1739/40.

    Uzziel, b. Nov. 30, 1741.

    m. Deliverance Hall, Feb. 8, 1743/4.

    Joseph.

    Ebenezer.

    Rachel.

DAVIS, JOEL, b.   ; d. March 25, 1777, ae. 21.

‖ DEMING, JULIUS (Capt.), from Lyme, Conn.; b. April 16, 1755; d. Jan. 23, 1838; Acting Assistant Commissary-General, Eastern Division, Continental Army; m. Dorothy Champion, Aug. 7, 1781, of Colchester, Conn.; she b. Oct. 29, 1759; d. Dec. 4, 1830; daughter of Col. Henry Champion, Commissary-General Eastern Division, Continental Army.

    Julius, b. July 28, 1782; d. Aug. 18, 1799.

    Dorothy, b. Dec. 29, 1784; d. Oct. 24, 1835.

    Frederick, b. Oct. 4, 1787; d. Sept. 13, 1860; m. Mary Gleason.

Charles, b. Dec. 23, 1789; d. April 26, 1852.

William, b. March 1, 1792; d. May 2, 1865; m. Charlotte T. Bull.

Clarissa, b. Dec. 21, 1795; d. Aug. 6, 1837; m. Charles Perkins.

Mary, b. Oct. 16, 1798; d. April 18, 1847.

Lucretia, b. Aug. 13, 1804; d. April 29, 1887.

DEMING, STEPHEN, from Sharon in 1820; m. Sarah ———.

DENNISON, CHAUNCEY, m. Sarah Granniss, Jan. 1, 1782. (She said April, 1782.)

Aruna, b. Sept. 17, 1782.

John, b. June 6, 1789; d. Aug. 5, 1793.

Sally, b. March 4, 1792.

DEWOOLF, LEVI, b. May 9, 1764; d. Jan. 23, 1849; m. Huldah Stanley, June 26, 1787; b. Feb. 16, 1766.

Stanley, b. June 7, 1791; d. July 27, 1792.

Rufus S., b. April 17, 1793; d. Feb. 25, 1836.

Andrew, b. Dec. 19, 1795.

Selima, b. April 23, 1799.

F. Stanley, b. March 8, 1801; d. April 5, 1839.

George, b. Jan. 31, 1805; d. March 6, 1806.

Maria, b. Jan. 27, 1808.

Alvah, b. Aug. 25, 1810.

DIBBEL, SILAS, m. Rachel Kilborn, May 15, 1772. (So recorded.)

Silas, b. Feb. 7, 1772. (So recorded.)

DICKINSON, EBENEZER, from Hatfield, Mass.; d. 1774, in his 85th year; m. Sarah ———.

Reuben, b. , 1716; m. Sarah Gibbs; he d. 1818.

Elijah.

Sarah.

Oliver, b. ; d. March 23, 1847.

Mary.

Benjamin.

Thankful, b. ; m. Lieut. David Landon.

Elisha.

William.

DICKINSON, OLIVER, of Ebenezer; m. Anna Landon, June 11, 1778; she d. Dec. 25, 1849.

Anson, b. April 19, 1779.

Raphael, b. Feb. 6, 1781.

Ambrose, b. May 10, 1783.

Lucinda, b. Aug. 25, 1785.

Leonard, b. June 18, 1788.

Henry, b. June 29, 1790.

Anna, b. Jan. 2, 1793; d. Sept. 13, 1793.

Daniel, b. Oct. 20, 1795.

Anna L., b. Oct. 23, 1798.

Andrew, b. Jan. 13, 1802.

DICKINSON, WILLIAM, of Ebenezer; m. Ruth Sturtevant, May 19, 1774.

Hannah, b. Aug. 20, 1775.

DICKINSON, MICHAEL, m. Abigail Catlin, Feb. 3, 1765.

Nabbe, b. Oct. 22, 1765; d. Nov. 26, 1766.

Nabbe, b. July 26, 1767; m. James Baldwin.

John, b. Dec. 29, 1769.

Asa, b. April 12, 1772.

Michael, b. Aug. 26, 1774.

Joel, b. Nov. 25, 1776.

Moses, b. July 23, 1779.

Lois, b. March 3, 1782.

Susanna, b. Jan. 6, 1785.

DICKINSON, DAVID, m. Rhoda ————.

David.

Roxanna, b.   ; m. Alban Guild.

DOUGLASS, SAMUEL, m. Mary ————.

Sarah, b. June 12, 1732.

Samuel, b. Dec. 27, 1733.

DOWNE, JAMES, m. Rachel ————.

Thomas, b. May 17, 1771.

DUDLEY, WILLIAM, of Guilford, Conn.; m. Abigail Baldwin, May 18, 1785.

Nabb, b. Dec. 11, 1789.
Augustus B., b. June 17, 1793; d. May 1, 1807.
William H., b. Jan. 16, 1797.
Alexander C., b. Sept. 10, 1801.

DUDLEY, CHARLES, of Guilford, Conn., brother of William; m. Ruth Hart, Nov., 1798.

Susannah, b. Dec. 19, 1799.
Lois, b. Jan. 29, 1802; m. Frederick Gibbs.
Samuel H., b. June   , 1804.
Frederick, b. Sept.   , 1806.
Ruth, b. Aug. 24, 1808.
m. Rhoda Baldwin, Jan. 10, 1809.
Marian, b. Nov. 7, 1809.
Charles A.

DURKEE, ABIJAH, of Thomas; m. Sibel ————.

Elizabeth, b. Feb. 11, 1753.
Daniel, b. Jan. 11, 1756.
Lydia, b. March 14, 1760.

DUTTON, AMASA, m. Sarah ————.

Susanna, b. Nov. 25, 1767.
Reuben, b. Feb. 3, 1771.

ELLSWORTH, JOSEPH, from Windsor; m. Abigail ————.

Ann, b. Nov. 10, 1731.
Joseph, b. Jan. 30, 1738.
Tryphena, b. June 30, 1741.

EMMONS, WILLIAM, m. Sarah.

Tabitha, b. Jan. 23, 1734/5; m. Benadam Gallup.
William, Jr.

Arthur.

Lydia.

EMMONS, WILLIAM, Jr., m. Sarah Barnes, Jan. 4, 1735/6; she d. Nov. 12, 1791.

Infant, b. March 26, 1736/7; d. same day.

Eli, b. March 20, 1737/8.

William, 3d, b. Oct. 6, 1744.

Sarah, b. July 16, 1747.

John, b. May 5, 1750.

Mary, b. April 17, 1754.

EMMONS, ABNER, b. Dec. 2, 1761; d. Aug. , 1805; " filius nullius " of Eli and Tabitha Emmons; m. Anna ———.

Alice, b.	; m. William Munson, Jr.
Julius.	
Pamela, b.	; m. ——— Potter.
Lucy.	
Rhoda, b.	; m. Orrin Potter.

EMONS, WILLIAM, of William, Jr.; m. Thankful Lee, April 4, 1768.

Olive, b. May 2, 1769.

Elizabeth, b. Dec. 6, 1770.

Amy, b. Feb. 29, 1772.

Lydia, b. Jan. 30, 1774.

Sarah, b. Nov. 17, 1775.

Anne, b. Nov. 24, 1777.

Urania, b. May 28, 1779.

Eli, b. Feb. 10, 1781.

Mary, b. March 16, 1783.

John, b. May 2, 1784.

Lois, b. Oct. 8, 1788.

Heman, b. Nov. 4, 1791.

EMONS, ARTHUR, of William; d. Aug. 26, 1804, ae. 73; m. Sarah; she d. Jan. 8, 1816, ae. 83.

Russel, b. Aug. 18, 1752.

Jesse, b. Dec. 18, 1753.

Phineas, b. Oct. 1, 1756; d. June 13, 1825.

Arthur, Jr., b. June 14, 1757.

Isaac, b. Sept. 28, 1759; d. Nov. 2, 1786.

Sarah, b. Nov. 20, 1761; m. J. Brown.

Orange, b. April 5, 1763; father of Lorin, of Sharon.

Oliver, b. Sept. 6, 1768.

EMONS, ISAAC, of Arthur; m. Hepsibah Doolittle.

Leman.

Herman.

Isaac.

EMONS, PHINEAS, of Arthur; d. June 13, 1825; m. Keziah
Palmer, July 18, 1776.

Lydia, b. July 4, 1777; m. ——— Parmelee.

Asenath, b. March 18, 1781; m. ——— Munger.

Pede, b. May 4, 1785; m. Leman Thomas.

Reuben, b. Dec. 6, 1787.

Phineas R., b. March 26, 1790.

Chebar, b. March 24, 1792.

EMONS, ARTHUR, Jr., of Arthur; m. Elizabeth Palmer, Nov.
6, 1777; she d. 1792.

Enos, b. April 6, 1780.

Edmund, b. Sept. 2, 1782.

EMONS, RUSSEL, of Arthur; m. Jemima Palmer, Sept. 21,
1774; she d. May 16, 1790.

Lovice, b. June 1, 1776.

William, b. July 27, 1778.

Irene, b. Sept. 5, 1780.

Jesse, b. Aug. 2, 1782.

Esquire, b. April 5, 1784.

Alson, b. May 10, 1788.

m. Hepsibah Doolittle, wid. of Isaac Emons.

Philenus.

Russell.

Hepsibah.

Alida.

Electa.

EMONS, OLIVER, of Arthur; m. Anna Brown, March 7, 1787.

    Almond, b. Aug. 22, 1793.

ENSIGN, SAMUEL, from Hartford; d. Dec. 30, 1819, ae. 80;
    m. Mary Slade, b.   ; she d. 1807, ae. 65.

    Isaac, b. Sept. 10, 1769.
    Jesse, b. Sept. 15, 1771.
    Samuel, b. April , 1777.
    Sarah.
    Huldah.
    Polly.
    Rhoda, b.   ; d. Jan. , 1811.

ENSIGN, JESSE, of Samuel; m. Electa Goodwin, May 9, 1798.

    Ozias G., b. Jan. 31, 1799.
    Newton, b. May 20, 1800.
    Harriet E., b. Jan. 14, 1802.
    George, b. Nov. 12, 1803.
    Lewis G., b. May 6, 1806.
    Henry P., b. Sept. 20, 1808.
    William M., b. March 9, 1812.
    Lucius B., b. April 17, 1822.

ENSIGN, SAMUEL, Jr., of Samuel; m. Abigail Gibbs, Jan. 6,
    1791; she d. Sept. 1, 1853.

    Lavina, b. Oct. 10, 1791.
    Harmon, b. Feb. 17, 1793.
    Frederick, b. June 2, 1795.
    Nancy E., b. April 16, 1797.
    Abigail A., b. Sept. 18, 1799.
    Lucy S., b. Sept. 25, 1801.
    Samuel A., b. Oct. 3, 1803.
    Esther G., b. May 12, 1806.
    Lemuel, b. Oct. 18, 1808.
    Charles A., b. June 27, 1811.

ENSIGN, ISAAC, of Samuel; d. Aug. 1, 1848; m. Sabra Camp,
    June 5, 1790.

    Catherine M., b. Dec. 31, 1791; m. E. J. Woodruff.

William M., b. July 25, 1798; drowned Dec. 16, 1812.
Samuel M., b. April 10, 1804.
Mary M., b. Aug. 25, 1808.
Emily, b. April 25, 1812; d. Feb. 26, 1823.

FAIRBANKS, JONATHAN, from Dedham, Mass.; m. Margaret ————.

> David, b. Jan. 9, 1732/3.
> Bariekiah, b. July 20, 1735.

FARNAM, JOHN, from Guilford, about 1739; d. July 22, 1768, ae. 66; m. Hannah Crittenden,   ; she. d. Sept. 9, 1777, ae. 75.

> John, Jr.
> Seth.
> Gad.
> Nathan.
> Joseph.
> Benjamin.
> Lucy, b.   ; m. Jacob Woodruff.

FARNAM, JOHN, Jr., of John; d. Aug. 5, 1756, ae. 30; m. Lydia, who m. Joseph Linsley.

> Hannah, b. July 26, 1755; m. Asa Peck and David King.

FARNAM, SETH, of John; d. April 13, 1820, ae. 86; m. Dinah Gibbs, Jan. 23, 1766; she d. Jan. 2, 1816, ae. 75.

> Lois, b. Dec. 13, 1766; m. Ebenezer Butler.
> Benjamin, b. March 31, 1768; d. Livonia, N. Y., Jan. 10, 1813.
> Joseph, b. July 10, 1773; d. Aug. 20, 1777.
> Leman, b. May 8, 1775; d. Aug. 28, 1777.
> Seth, b. May 17, 1777; m. Asenath Bradley; he d. April 9, 1831; she d. March 19, 1860.
> Joseph, b. Aug. 10, 1779.
> Sally, b. Oct. 10, 1786.
> John.

FARNAM, GAD, of John; d. Sept. 8, 1819, ae. 83; m. Jane
Bishop, May 14, 1760.

John B., b. May 30, 1761.
Infant, b. Dec. 25, 1762; d. Jan. 1, 1763.
Lucy, b. Dec. 23, 1763; d. Nov. 27, 1772.
Ruth, b. Dec. 12, 1765.
Azubah, b. Nov. 3, 1767.
Peter, b. July 6, 1769.
Hannah, b. July 3, 1771; m. Simeon Harrison.
Olive, b. June 3, 1776.
Lucy, b. Sept. 18, 1773.
James, b. June 15, 1778.
Rhoda, b. May 20, 1780; m. James Morris and Sam.
Wheeler.
Amos, b. July 18, 1782; d. Aug. 10, 1793.

FARNAM, NATHAN, of John; m. Rosamond Steel, Dec. 22,
1762; she d. July 7, 1796, ae. 60.

Asa, b. Feb. 24, 1764.
Thankful, b. May 1, 1767.
David, b. July 20, 1776; d. Sept. 7, 1802.
m. Mehetabel Robinson, Dec. 14, 1796.

FARNAM, JOHN, of Seth; m. Hannah Taylor, Nov. 29, 1795.

Ehel T., b. May 5, 1798; d. Oct. 9, 1815.
Rebecca B., b. March 30, 1800.
Lamira P., b. March 22, 1804; d. April 28, 1812.
Catharine G., b. Jan. 21, 1810.
Lamira P., b. March 26, 1813.

FARNAM, DAVID, of Nathan; d. Sept. 7, 1802; m. Keziah.

Lucy, b. June 7, 1798.
Rosamond D., b. Jan. 6, 1803.

FARNAM, PETER, of Gad; m. Chloe Steel.

Frederick.
Fanny, twins; she m. ———— Chapin, father of Jane
Brown's husband.

Betsey.
Henry Harrison.
Samuel Barnard.
Lois, who probably m. Levi Peck.
George.
Amos.
(The above mem. of Peter Farnham is not of record and
is not to be trusted implicitly.)

FREAY, ROSIER, m. Huldah Wright, May, 1789.

Horace, b. July 4, 1790.
Sina, b. May 29, 1793.

FRENCH, JOHN, from Taunton, Mass.; m. Content.

Ebenezer, b. Dec. 1, 1735.

FRISBIE, BENJAMIN, from Goshen, Conn.; m. Elizabeth.

Benjamin.
Joseph.
James.
Jabez.
Hepsibah.
Mary.

FRISBIE, NOAH, from Roxbury, Conn.; m. ————.

Noah.
Jonathan.
Friend H.

FRISBIE, JONATHAN, of Noah; m. ————.

Levi.
Elihu.
Dan.
Nelson.
John.
Lydia.
Betsey.
Sardinia.

FRISBIE, FRIEND H., of Noah; m. Lucy Bishop, Feb. 1, 1795.

> Noah, b. Nov. 23, 1795.
> Sherman, b. Dec. 3, 1797.
> Sheldon, b. Oct. 26, 1799.
> Hannah, b. Aug. 20, 1802.
> Hastings, b. Oct. 13, 1804.
> Margery, b. July 5, 1808.
> Betsey, b. Jan. 21, 1811.

FORD, ————, m. Anner; she died Sept. 4, 1859; aged 99, April 11, 1859; then the oldest person in Litchfield.

FORD, DANIEL, from Plymouth, Conn.; b. Nov. 16, 1754; m. Phebe Camp, March 6, 1780; b. April 11, 1760; she d. Sept. 4, 1859.

> Nancy, b. Feb. 9, 1781.
> Aaron, b. June 24, 1782.
> Betsey, b. June 17, 1784.
> Isaac, b. June 17, 1786.
> Phebe, b. March 2, 1789.
> Daniel, b. June 25, 1791.
> Eli, b. Sept. 28, 1793.
> Anne, b. Feb. 16, 1796.
> Heman, b. June 2, 1798.
> Temperance, b. Nov. 15, 1802.

FROST, JOEL, m. Mary ————.

> Abner, b. May 29, 1770.
> Lois, b. Dec. 3, 1772.
> Mary, b. Sept. 19, 1774.

GALLOP, BENJAMIN (or Benadam), d. April 10, 1805; m. Tabatha Emons, May 29, 1767; she d. Nov. 20, 1803.

> Molly, b. May 28, 1769; m. ———— Cramer of Woodbury.
> Hannah, b. Oct. 7, 1770.

GALPIN, AMOS, m. Sybil Tallmadge, Jan. 31, 1785.

Betsey, b. Nov. 8, 1785.

Clarissa, b. Feb. 2, 1791.

Sylvester, b. Jan. 13, 1793.

Robert E., b. Jan. 6, 1795; removed to Stockbridge, Mass.

Fanny, b. Dec. 18, 1796.

Marian, b. Dec. 2, 1798.

GARNSEY, JOHN, from Waterbury, Conn.; m. ————.

Dorcas, b. Feb. 23, 1744.

Noah, b. Aug. 18, 1746.

Daniel, b. May 31, 1749.

Lois, b. June 15, 1751.

Eunice, b. Nov. 17, 1754.

GARNSEY, JOHN, Jr., m. Azubah Buel, March 24, 1757.

Azubah, b. July 6, 1759.

Sarah, b. Aug. 30, 1760.

Isaac, b. Jan. 26, 1758.

Louis.

Rachel.

Ebenezer.

Rhoda.

John.

Peter.

Joseph.

Lydia.

Ezekiel.

Samuel.

Anna.

David.

GARNSEY, NOAH, m. Hannah Hollister.

Hannah, b. May 10, 1771.

Rachel, b. Sept. 3, 1773.

Samuel, b. Aug. 31, 1775.

Anne, b. Aug. 12, 1779.

Clarissa, b. March 18, 1782.
Polly, b. May 27, 1785.
John, b. March 20, 1789.
Noah, b. April 16, 1793; d. April 14, 1873.
Carolina, b. Feb. 18, 1797; d. April 31, 1801.

÷GARRITT, JOSHUA, from Hartford; m. Anne Taylor, Dec. 11, 1735.

Joshua, b. Jan. 26, 1740; d. Feb. 3, 1740.
Joshua, b. Jan. 26, 1742/3.
m. Mary ————.

GARRITT, JOSHUA, Jr., m. Lydia Marsh.

Joshua, b. about 1776.
Anne.
Daniel, b.   ; d. July 28, 1849, ae. 75.

GARRITT, DANIEL, of Joshua, Jr.; m. Huldah Smith, Nov. 12, 1794.

Anna, b. Dec. 16, 1799.
Joshua, b. Oct. 1, 1801.
Abby, b. March 6, 1805.
Lewis, b. July 14, 1807.
George, b. June 17, 1810.
William, b. April 13, 1813.
Daniel, b. June 28, 1815.

GARRITT, JOSHUA, of Joshua, Jr.; m. Huldah Marsh.

Olive, b.   ; m. Henry Wooster.
Huldah M., b.   ; m. E. J. Woodruff.
m. Elizabeth Beebe, who d. 1802.

GATES, GROSE, b. June 4, 1809, of Clarissa Tryon.

GATES, JEHIEL, from East Haddam, Conn.; m. ————.

Lura.
James.
Jehiel.

6

Azel.

Gross.

Nabby.

Alvah.

Freeman.

Henry.

Garry.

Two daughters.

GAY, JOHN, m in Dedham, Mass.; removed, Litchfield to
Sharon, 1743; m. Lydia ————.

Mary, b. Oct. 3, 1722.

Lydia, b. March 11, 1724.

Ebenezer, b. Dec. 26, 1725.

John, b. Jan. 28, 1727/8.

Ann, b. Nov. 3, 1727.

Sarah, b. July 20, 1731.

Fisher, b. Oct. 9, 1733; removed to Farmington.

Perez, b. Jan. 5, 1735/6.

Eleony, b. April 17, 1738.

Lettes, b. Jan. 29, 1739/40; d. Feb. 26, 1739/40.

David, b. Sept. 8, 1741; d. Oct. 2, 1741.

GLASS, JAMES, m. Hannah ————.

Susannah, b. Feb. 9, 1779.

David, b. July 5, 1780.

GRANNIS, WILLIAM, m. Sarah ————.

Sarah.

Sybil.

Ann.

Robert.

Levi.

Aaron.

Gurdon.

Thomas.

Mehitabel.

Thankful.

Desire.

GRANNIS, GURDON (or Gordon), of William; m. Mary Catlin, March 2, 1791.

Mary, b. Oct. 30, 1792.
Sarah, b. Oct. 2, 1795.
Lois, b. March 22, 1798.
George, b. Dec. 22, 1800.
Anne, b. June 30, 1803.
m. Anner Smith, March 3, 1808.

GRANNIS, THOMAS, of William; d. Sept. 17, 1859, ae. 89; m. Ruth Stone, Nov. 21, 1799.

Lucy, b. Jan. 11, 1801.
Thomas S., b. Feb. 28, 1807.
Asahel L., b. Jan. 1, 1814.

GRANT, THOMAS, Capt., of Thomas; d. Aug. 16, 1753, ae. 43; m. Rachel Buel, Dec. 6, 1738.

Friend, b. Sept. 19, 1740.
Sarah, b. Aug. 7, 1745; m. Charles Bostwick.
Rachel, b. Feb. 26, 1747/8; m. David Northrop.
Anne, b.   , 1750.
Thomas, b. March 26, 1754.

GRANT, JOSIAH, b. Nov. 24, 1678; d. Feb. 26, 1762; from Windsor; m. Sarah Cook, March 30, 1710 (?); d. July 30, 1713.

Josiah, Jr., b. Jan. 22, 1710, at Windsor.
Sarah, b. March 11, 1711, at Windsor.
Mary, b. July 13, 1713, at Windsor; m. Daniel Allen, uncle of Ethan.
m. Sarah Cook, Aug. 4, 1714; she d. Feb. 28, 1777, ae. 86.
John, b. May 17, 1715, at Windsor.
Increase, b. Feb. 13, 1716/7, at Windsor.
Elijah, b. June 22, 1719, at Windsor; d. Aug. 13, 1724.
Huldah, b. May 25, 1721, at Windsor.
Ebenezer, b. March 2, 1723, at Windsor.
Jerusha, b. Jan. 1, 1725, at Windsor; d. Nov. 21, 1736.

Elijah, b. April 28, 1728.
Anne, b. May 30, 1730.

GRANT, JOSIAH, Jr., of Josiah; d. Nov. 15, 1789, ae. 79; m.
Sarah Baker, Dec. 11, 1735.
Jerusha, b. Jan. 1, 1736/7.
John, b. April 23, 1738.
Sip, b. Nov. 24, 1739.
Jesse, b. Dec. 10, 1742.
David, b. Sept. 4, 1744.
Rhoda, b. June 13, 1746.
Asenath, b. Nov. 1, 1749.

GRANT, INCREASE, of Josiah; m. Ann Hosford, Feb. 19,
1745/6.
Ambrose, b. Sept. 14, 1747.
Charles, b. July 14, 1749.

GRANT, ELIJAH, of Josiah; d. at Norfolk, Aug.   , 1798; m.
Mary Andrews, March 10, 1755.
Joel, b. Feb. 21, 1756; d. March 16, 1796.
Lois, b. Nov. 5, 1757.
Roswell, b. Aug. 18, 1762.

GRANT, EBENEZER, of Josiah; m. Martha Hill, Nov. 18,
1747; she d. May 20, 1764.
Sarah, b. Oct. 24, 1748.
Martha, b. May 4, 1751.
Lydia, b. Sept. 18, 1753.
Elihu, b. Oct. 11, 1756.
Isaac, b. April 3, 1760.
Huldah, b. March 9, 1763; d. Sept. 8, 1764.

GRANT, JOHN (Rev.), of Josiah; m. ————.
John.

GRANT, JEHIEL, from Windsor; m. Abigail Phelps, Feb. 28,
1743/4 (or Feb. 29).

GRANT, JESSE, m. Anne Lewis, Jan. 1, 1767.

Charlotte, b. Jan. 19, 1768.

Chauncey L., b. May 8, 1769; m. Rhoda Goodwin.

Clarissa.

Anna.

Jesse.

GRANT, AMBROSE, of Increase; m. Hannah Mason, Nov. 20, 1771.

 Lydia, b. Dec. 28, 1772.

 Huldah, b. Oct. 16, 1774.

 Billy, b. Feb. 26, 1776.

 David, b. Feb. 25, 1778.

 Charles, b.   ; m. Hannah McNeil.

GRANT, CHARLES, of Increase; m. Dinah Beach, Jan. 25, 1776.

 Phebe, b. Nov. 11, 1776.

 Anne, b. March 27, 1779.

 Hannah, b. Aug. 6, 1781.

 Charles, b. Nov. 15, 1784.

GRAVES, ASAHEL, m. Sarah ————.

 Si Remington, b. July 12, 1770.

 Sarah, b. Aug. 14, 1776; d. Sept. 17, 1777.

GIBBS, BENJAMIN, from Windsor, Conn.; b. 1675; m. Abigail Marshall, Sept. 16, 1708; she d. Jan. 11, 1767, ae. 80.

 Benjamin, b. April 23, 1710, in Windsor; d. Sept. 29, 1798.

 Zebulon, b. Aug. 10, 1711, in Windsor.

 Henry, b. Aug. 5, 1713, in Windsor.

 Abigail, b. March 16, 1715, in Windsor.

 Hannah, b. Nov. 2, 1716, in Windsor.

 David, b.   , in Windsor.

 William, b. June 10, 1718, in Windsor.

 Gershom, b. July 28, 1721; first white male born in Litchfield. (See Exodus II, 22. G. C. W.)

 Zadock, b. April 9, 1723.

Elizabeth, b. Feb. 3, 1725.
Sarah, b. Jan. 28, 1727.
Caleb, b. Nov. 13, 1729.
Justice, b. July 10, 1731.
Remembrance, b. Feb. 4, 1734.

GIBBS, BENJAMIN, Jr., of Benjamin; d. Sept. 29, 1798; m.
Dinah Woodruff, b.   ; she d. Sept. 13, 1796.

Azubah, b. Dec. 13, 1734; m. Cyprian Collins, Jan.
9, 1756.
Dinah, b. Jan. 12, 1740/1; m. Seth Farnam, Jan. 23,
1766.
Rhoda, b. Jan. 10, 1742/3.
Benjamin, b. Oct. 12, 1747.
Ithamar, b. June 5, 1756.
Lemuel, b. March 16, 1737/8.
Truman.

GIBBS, ZEBULON, of Benjamin; d. Jan. 8, 1803; m. Eunice
Woodruff, Jan. 22, 1733/4; she d. Dec. 29, 1793.

Wareham, b. May 4, 1734.
Aaron, b. March 1, 1736.
Zebulon, b. Oct. 10, 1737.
Eunice, b. Nov. 2, 1739; m. Abner Landon.
Eliakin, b. March 29, 1745.
Ruth, b. May 9, 1751.

GIBBS, HENRY, of Benjamin; d. Jan. 22, 1769; m. Abigail
Martin, Nov. 8, 1739.

Sarah, b.   ; d. June 10, 1747.
Abigail, b. Aug. 23, 1742; m. Samuel Barnard; d. Oct.
10, 1816.
David, b. July 9, 1744; d. June 3, 1747.
David, b. Oct. 4, 1748.
David, b. Oct. 14, 1750.
David, b. May 16, 1753.
Henry, Jr.
Simeon, b. Sept. 12, 1755; d. March 23, 1756.

Reuben.

Anne.

Hannah, b.   ; m. William Rhea (Ray).

GIBBS, WILLIAM, of Benjamin; m. Mary Nichols, Dec. 4, 1745; she d. Sept. 6, 1806, ae. 87.

Mary, b. May 17, 1747.
Jane, b. Jan. 6, 1753.
William, Jr., b. May 12, 1755.
Solomon, b. July 15, 1760.

GIBBS, GERSHOM, of Benjamin; m. Tabitha Moore.

Gershom, b. July 18, 1750; d. Sept.   , 1843.
Ruth, b. May 25, 1752.
More, b. Jan. 12, 1757.
Isaac, b. May 18, 1759.
Oliver, b. May 23, 1762.
Lovell, b. Aug. 23, 1763.

GIBBS, ZADOCK, of Benjamin; d. Dec. 12, 1789; m. Lydia.

Lydia, b. Feb. 25, 1754.
Elizabeth, b. May 7, 1759; d. Oct. 25, 1759.
Elizabeth, b. Dec. 2, 1760.
Nathan, b. Aug. 10, 1763; d. April 23, 1765.
Nathan, b. May 11, 1766.
Thankful, b. May 11, 1766.
Huldah, b. March 13, 1771.
Abigail, b. Oct. 13, 1773.
Zadock, Jr.

GIBBS, CALEB, of Benjamin; m. Marjory Steward, June 30, 1757.

Caleb, b. March 11, 1758.
Candace, b. Dec. 27, 1759.
Statira, b. March 27, 1762.
Cyrenius, b. April 30, 1766; d. Feb. 1, 1768.
Cyrenius, b. April 17, 1768.
Achsah, b. Aug. 15, 1770.
Phebe, b. Feb. 1, 1775.

GIBBS, JUSTUS, of Benjamin; m. Hannah Linsley, Jan. 13, 1757.

Ozias, b. March 7, 1758; d. April 2, 1776.
Simeon, b. Sept. 3, 1759.
Timothy, b. Dec. 18, 1761.
Levi, b. June 25, 1763.
Justus, b. Nov. 21, 1766.
Lorain, b. Feb. 5, 1765.
Hannah, b. Sept. 27, 1768.
Irene, b. Aug. 20, 1770.
Preserve, b. Jan. 21, 1773.
Daniel, b. Jan. 20, 1775.
Ozias, b.   , 1776.
Ozias, b. Sept. 16, 1777.
Jerusha, b. June 23, 1779.
Isaac, b. Nov. 14, 1781.

GIBBS, REMEMBRANCE, of Benjamin; m. Rachel Hall, July 18, 1763.

Eldad, b. June 5, 1764.
Hervey, b. June 14, 1767.
Zebulon, b. June 4, 1768.
Lois, b. Dec. 1, 1770; m. Arauna Orton.
Lucy, b. Oct. 16, 1773.
Leman, b. Sept. 16, 1776.
Irene, b. Aug. 19, 1780.

GIBBS, ITHAMAR, of Benjamin, Jr.; m. Elizabeth Woodruff.

Hannah, b. Feb. 6, 1782.
Chauncey, b. May 28, 1784.
Clarissa, b. June 24, 1787.

GIBBS, BENJAMIN, of Benjamin, Jr., m. Thankful Landon.

Phebe.
Rhoda, b. Sept. 18, 1788.
Erastus.
David and Benjamin, twins.

GIBBS, LEMUEL, of Benjamin, Jr.; m. Esther Johnson, March 12, 1761; d. Feb. 27, 1805.

Medad, b. Oct. 21, 1762.
Philo, b. Sept. 15, 1764.
Lemuel, b. Oct. 4, 1766.
Abigail, b. Jan. 15, 1769; m. Samuel Ensign, Jr.
Elizabeth, b. June 10, 1771.
Benjamin, b. Sept. 14, 1773.
Esther, b. Nov. 6, 1775.
Tryphena, b. June 10, 1779.

GIBBS, WAREHAM, of Zebulon; m. Eunice Spencer, March 4, 1756.

Darius, b. Feb. 9, 1759.
Spencer, b. Jan. 26, 1762.
Dorcas, b. July 15, 1763.
Luman, b. March 17, 1765.
Sheldon, b. March 27, 1768.
Miriam, b.   ; d. Feb. 17, 1766.
Miriam, b.   ; d. April 29, 1767.

GIBBS, AARON, of Zebulon; m. Desire Clemons, Aug. 10, 1758.

Solomon, b.   ; d. Oct. 12, 1763.
Solomon, b. Oct. 15, 1764.
Anne, b. July 25,   ; d.
Herman, b. Nov. 2, 1771; d. Feb. 13, 1771. (So recorded.)

GIBBS, ZEBULON, Jr., of Zebulon; m. Lydia ————.

Olive, b. March 2, 1761; m. Orange Barnes.
Friend, b.   , 1763.
Warren, b. Aug. 10, 1767.

GIBBS, ELIAKIM, of Zebulon; m. Ruth Hall, Jan. 29, 1765.

Huldah, b. Sept. 15, 1765.
Rhoda, b. Nov. 2, 1767.
Lydia, b. March 1, 1770; m. Miles Orton.
Obed, b. Sept. 16, 1772.

GIBBS, DAVID, of Henry; m. Sarah Camp, May 12, 1770; sister of Abel Camp.

GIBBS, HENRY, Jr., of Henry; m. Eunice Woodruff, Dec. 23, 1772.

> Rhoda, b. Sept. 15, 1775.
> Rebecca, b. Dec. 9, 1779.
> Eunice, b. Aug. 17, 1784.

GIBBS, SIMEON, of Henry; m. Hannah Martin, Nov. 18, 1778.

> Gideon, b. Sept. 12, 1780.
> Simeon M., b. July 22, 1782.

GIBBS, REUBEN, of Henry; m. Sally ————, who d. Dec. 8, 1820.

> Henry.
> Sally, b.   ; d. April 8, 1819.
> James, b.   ; d. March 11, 1819.
> Franklin, b.   ; d. May 2, 1811, ae. 14.

GIBBS, WILLIAM, Jr., of William; m. Ama Peck, Sept.   , 1769; she d. April 14, 1820, ae. 70.

> Amy, b. Sept.   , 1770.
> William, b. Aug.   , 1775; d. Oct. 22, 1819.

GIBBS, SOLOMON, of William; d. Dec. 6, 1842; m. Honor Marsh, Dec. 27, 1787.

> Line, b. Sept. 15, 1788; d. Dec. 13, 1812.
> Elias, b. April 22, 1792.
> Eli, b. Nov. 2, 1796.
> Idea, b. Jan. 7, 1798.
> Frederick, b. Feb. 20, 1803.
> Aaron, b. April 17, 1807.

GIBBS, MORE, of Gershom; m. Patience Skeels, June 29, 1786.

> Amos Alric, b. April 4, 1787.
> Reuben M., b. March 14, 1794.
> Tillitson, b. May 10, 1796.

Birdsey, b. Feb. 10, 1798.
Phebe, b. May 18, 1803.
Wyllis, b. Aug. 13, 1804.
Rhoda, b. March 17, 1807.
Newton, b. April 20, 1809.

GIBBS, NATHAN, of Zadock; m. Anne Granger, Nov. 15, 1789.

GIBBS, ZADOCK, Jr., of Zadock; m. Lydia Hodge, Jan. 8, 1777; m. Sarah Stone, April 22, 1779; she d. Dec. 21, 1791.

    Sarah, b. Aug. 31, 1781.
    Lydia, b. March 15, 1784.
    Dothy, b. April 12, 1786.
    Clark, b. May 7, 1788.
    Anthony, b. Jan. 14, 1790.

GIBBS, TIMOTHY, of Justus; m. Lydia Gibbs, Feb. 20, 1782.

GIBBS, FRIEND, of Zebulon, Jr.; m. Lucy Archer, March 5, 1783.

    Zebulon, b. April 7, 1784.

GIBBS, TRUMAN, of Benjamin, Jr.; m. Anna Barns, Feb. 17, 1773.

    Elias, b. Feb. 25, 1774.
    Norvina, b. Nov. 11, 1775.
    Benjamin.
    Anna.
    Elijah.
    Elisha.
    Polly.

GILBERT, ABNER, m. Lydia Stoddard.

    Ann, b. May 18, 1783; m. Orrin Birge.
    Orin, b. Nov. 17, 1785; m. Polly Barber.
    Orman, b. Nov. 2, 1789; m. Polly Turrill.

GILBERT, CALVIN, m. Sally Beach, May 24, 1789.

GILLETT, NATHANIEL, from Lebanon; m. Mercy Smith,
April 6, 1727.

Mary, b. Nov. 19, 1728. (Second record, Nov. 28.)
Jonathan, b. June 30, 1731.
John, b. Feb. 19, 1733/4.
Irene, b. Jan. 14, 1736/7.
Nathaniel, b. Aug. 15, 1739.

GILLETT, JOSEPH, from Colchester; m. Ann Merell, Jan. 23,
1727/8.

Sarah, b. Sept. 25, 1728.
Ann, b. June 16, 1731.
m. Deborah Chapel, Nov. 9, 1732.
Sarah, b. Sept. 10, 1733.
Amos, b. Feb. 23, 1735.
Lydia, b. Oct. 11, 1737.
Deborah, b. Sept. 28, 1738.

GILLETT, ASA, m.

Asa, b. June   , 1764.

GILLETT, ASA, of Asa; m. Naomi Hosford, Aug. 9, 1787.

Mary, b. March 15, 1788.
Asa, b. Oct. 16, 1789.
Naomi, b. Jan. 17, 1791; m. Denman Woodruff.
John A.

GITTEAU, JUDSON, from Woodbury, son of Joshua; m. Pa-
tience Gaylord, Oct. 27, 1774.

David, b. Dec. 5, 1775; d. April 1, 1776.
Jerusha, b. April 7, 1777.
Patience, b. April 1, 1779; d. May 12, 1783.
Jonathan, b. Jan. 14, 1781.
Benjamin, b. July 4, 1783.
Patience, b. July 11, 1785.
Minerva, b. Oct. 24, 1786.
Adoniram J.
Edward.
Ruth M.

GRIFFIS, THOMAS, removed to Cornwall; m. Sarah ————.

    Jonathan, b. Sept. 7, 1734.

    Daniel, b. April 9, 1737.

    James, b. Aug. 29, 1739.

‖ GRISWOLD, JACOB, from Wethersfield and perhaps New
    Milford; probably son of Jacob Griswold, Sr., of Weth-
    ersfield, and brother of John of New Milford; m. Com-
    fort ————.

    Eunice, b. March 21, 1721; first white child b. in
        Litchfield.

    Ann, b. June 11, 1723; m. Jacob Woodruff.

    Mary, b. March 22, 1726.

    Elijah.

GRISWOLD, ELIJAH, of Jacob; d. Aug. 19, 1785; m. Eliza-
    beth Youngs, Feb. 21, 1739/40; she d. July 17, 1771,
    ae. 52.

    Rachel, b. Oct. 18, 1740.

    Daniel, b. Aug. 1, 1744. (Tory, hung in N. H., 1777.)

    Deborah, b. May 6, 1746; m. Ebenezer Plumb.

    Hannah, b. Aug. 24, 1748.

    Elizabeth, b. Dec. 12, 1750; d. Jan. 5, 1751.

    Sarah, b. July 27, 1752.

    James, b. July 3, 1754; d. 1827.

    Seth, b. May 8, 1757; went to New Brunswick.

    Jacob.

GRISWOLD, JACOB, of Elijah; m.

    Jacob.

    Zach.

GRISWOLD, JEREMIAH, from New Milford, son of John,
    the brother of Jacob; m. Hannah Gibbs, Jan. 30, 1734/5.

    Asahel, b. Jan. 23, 1744.

    Hannah, b. April 13, 1750.

    Sarah, b. Aug. 30, 1753.

    John, b. June 29, 1758; d. Dec. 22, 1847.

    Mabel, b.   ; m. Benjamin Bissell.

GRISWOLD, THOMAS, from Windsor.

GRISWOLD, ASAHEL, from Newtown, son of Jeremiah; m.
Hannah Lee, Feb. 16, 1765.
Hannah, b. Dec. 27, 1766.
Seth, b. Feb. 27, 1770.
Abigail, b. Dec. 27, 1771; m. Samuel Kilborn.
Asahel, Jr., b. Dec. 22, 1775.
Benjamin, b. Oct. 13, 1779.
Thankful, b. Dec. 11, 1784; m. Harvey Birge.
Clarissa, b. July 6, 1788.

GRISWOLD, ASAHEL, Jr., of Asahel; m. Desire ————,
Aug. 17, 1797.

|| GRISWOLD, JOSEPH.

GRISWOLD, DANIEL, of Elijah; m.
John.
Truman.
Seth.

GRISWOLD, JOHN, of Daniel; m.
Seth.
John.
Josette.

GRISWOLD, JONATHAN, from Washington, Conn.; d.
March 16, 1823, ae. 82; m.
Midian.
Jonathan, Jr., b.   ; m. Betsey Barns.
Abigail, b.   ; m. Norman Barns.

GRISWOLD, TIMOTHY, removed to State of N. Y. about
1790; m. Mary Newell, March 18, 1771.
William.

GRISWOLD, ELIZUR, m. Tryphena.
Polly, b. June 24, 1779; m. Orlo Allen.
Chester, b. Sept. 8, 1782; removed to Utica, N. Y.
Elizur, b. Sept. 18, 1785.

GRISWOLD, JOHN, of Jeremiah; m. Rhoda Wetmore, Aug. 23, 1782.

Julius, b. Jan. 23, 1784; m. Asenath Hall.
John, b. June 5, 1785; m. Abigail Bissell.
Dotha, b. July 25, 1787.
Rhoda, b. Nov. 28, 1789; m. Bradley Stewart.
Almira, b. Jan. 6, 1793; m. John Wright (?).
Minerva, b. Dec. 2, 1795.
Betsey, b. Aug. 30, 1798; m. Jonathan Wright (?).
Jarvis, b. April 16, 1801; m. Susan Page.
Melinda, b. June 16, 1804.
Henry S., b. June 21, 1807; m. Nancy Perkins.
Belinda (or Melinda above), b.   ; m. Charles Wickwire.

GRISWOLD, BENJAMIN, of Asahel; m. Sally Wright, Aug. 5, 1799.

Stanley, b. May 12, 1804.
Frederick, b. Oct. 13, 1808.
Benjamin, b. Sept. 26, 1810.
Lewis, b. April 21, 1812.
Sylvester, b. May 21, 1814.
Sally.
Honor.
Mary.
Maria.
Diana.

GRISWOLD, MIDIAN, of Jonathan; d. March 8, 1823; m. Annis Wadkins,   , 1784.

Clarissa, b. June 22, 1785.
Caty, b. Nov. 2, 1786.
Orva, b. Oct. 15, 1788.
Welthy, b. Sept. 5, 1790.
Amanda, b. July 4, 1792.
Chapman, b. June 13, 1794.
Morgan, b. July 10, 1796.

Roena, b. July 18, 1798.
Midian, b. Aug. 5, 1800.
Judd, b. Sept. 26, 1802.
Linus, b. Jan. 13, 1804.

GREEVES, WILLIAM, from Scotland; m. Deliverance Peck, June 14, 1759.

Alexander, b. Sept. 5, 1760.
Elisha, b. May 28, 1762; d. Jan. 31, 1765.
Huldah, b. Jan. 17, 1765.
Lucia, b. May 5, 1768.
Rhoda.
Elisha.

GOLD, WILLIAM, m. Huldah Stone, March 5, 1767.

Joel, b. Dec. 29, 1767.
John, b. July 21, 1769.

GOODRICH, WILLIAM, from Wethersfield; lived in Litch-field 10 years; removed to Sheffield, Mass., then to Sharon, Conn.; m. Margaret ————.

Samuel.
Jared.
William.
Elnathan.
David.
Deborah.
Anne, b. March 20, 1722.
Elisha, b. Jan. 5, 1724/5.
Solomon, March 7, 1726/7.
Lucy, b. July 18, 1729.

GOODWIN, ABRAHAM, from Hartford, son of Nathaniel; m. Mary Bird, April 13, 1726.

Nathaniel, b. Oct. 31, 1727.
Thomas, b. June 30, 1729.
Charles, b. May 5, 1731.

Phineas, b. June 8, 1733.
Ozias, b. Nov. 27, 1735; m. Hannah Vaill.
Jesse, b. Sept. 3, 1737.
Mary, b. April 3, 1740; m. Theodore Catlin.
Ruth, b. Aug. 5, 1743.

GOODWIN, NATHANIEL (Capt.), of Abraham; d. May 18, 1777; m. Elizabeth Marsh.

> Elizabeth, b. Aug. 2, 1752; d. Sept. 8, 1753.
> Solomon, b. April 26, 1755.
> James, b. April 18, 1757.
> Elizabeth, b. Jan. 13, 1763; m. Samuel Waugh.
> Chloe A., b. Aug. 14, 1766.
> Lydia.
> Dorcas, b. Jan. 8, 1770.
> Nathaniel, Jr.
> Erastus.

GOODWIN, THOMAS, of Abraham; d. Nov. 7, 1807; m. Anne Kilborn, Nov. 23, 1752.

> Ama, b. July 10, 1753.
> Phineas, b. Jan. 7, 1756; d. prisoner, Fort Washington.
> Abi, b. Nov. 7, 1758; d. Jan. 21, 1818. (A female.)
> Mary, b. July 5, 1760.
> Uri, b. Dec. 13, 1763.
> Thomas, b. April 9, 1765; d. Sept.   , 1846.
> Levi, b. Feb. 25, 1767.
> John, b. May 31, 1770; d. April 1, 1817.
> Nabby (Abigail), b. May 1, 1772; d. 1858.

GOODWIN, CHARLES, of Abraham; m. Thankful Russell, March 7, 1754; she d. June 6, 1802.

> Abraham, b. Oct. 13, 1754; d. April 6, 1845.
> Joseph, b. Aug. 24, 1756.
> David, b. Feb. 28, 1759; d. Jan. 20, 1784.
> Thankful, b. May 22, 1761; d. March 26, 1787.

7

Seth, b. Aug. 4, 1763.

Tyrus, b. Aug. 26, 1765; d. April 11, 1802.

Rebecca, b. April 19, 1768; d. March 10, 1787.

Ira, b. Sept. 7, 1770; d. Jan. 31, 1862.

GOODWIN, OZIAS (Ensign), of Abraham; d. March 1, 1788;
m. Hannah Vaill, Oct. 26, 1761; she d. Nov. 4, 1822, ae.
82.

Micah, b. April 11, 1763; d. Feb. 20, 1768.

Phineas, b. June 3, 1764.

Rhoda, b. Jan. 30, 1766; m. Chauncey L. Grant; m.
N. Goodwin.

Lydia, b. Sept. 18, 1767.

Hannah, b. Jan. 16, 1769.

Micah, b. April 6, 1770; m. Sally Clark.

Abigail, b. Nov. 15, 1771; m. Dan. Harrison.

Electa, b. Nov. 26, 1773; m. Jesse Ensign.

Eliza, b. Dec. 27, 1775; m. Tyrannus Collins.

Ozias, b. May 6, 1777.

Sarah, b. Feb. 18, 1779; m. Stephen Tallmadge.

Polly, b. Dec. 26, 1780.

Samuel, b. March 22, 1782.

Clarissa, b. May 24, 1785; m. Caleb Phelps.

Samuel B., b. Aug. 14, 1788.

GOODWIN, JESSE, of Abraham; m. Rachel Brace, April 30,
1760.

Jesse, b. June 8, 1761.

Rachel, b. June 15, 1763.

GOODWIN, CROMWALL, m. Irene Thomson, Sept. 24, 1804.

Esther, b. Sept. 18, 1805.

GOODWIN, JAMES, of Nathaniel; m. Abigail Harrison, Oct.
11, 1779.

Ethan, b. July 31, 1780.

Marcus, b. April 16, 1782.

|| GOODWIN, NATHANIEL, Jr., of Nathaniel; m. Rhoda Orton, March 3, 1785; she d. Oct. 27, 1796.

    Olive, b. Jan. 3, 1786.

    Catharine, b. May 24, 1789.

    Burr, b. Oct. 10, 1794; m. Mary Barnard.

    Rhoda, b. Oct. 18, 1796.

    m. Rhoda Grant, Oct. 3, 1797, wid. Chauncey Grant, dau. Ozias Goodwin.

GOODWIN, ERASTUS, of Nathaniel; m. Olive Sanford, Jan. 30, 1799; she d. 1817.

    Emeline, b. Sept. 25, 1800.

    Edward S., b. Sept. 2, 1803.

    Chloe E., b. June 10, 1805.

    Elizabeth, b. May 18, 1811.

    Clarissa, b. June 26, 1813.

    Olive C., b. March 18, 1816.

    m. Phebe Thomas, March 21, 1821.

    Ann Eliza, b. Aug. 25, 1822.

GOODWIN, THOMAS, Jr., of Thomas; m. Olive Kilborn, Nov. 14, 1793; she d. Dec. 14, 1848.

    Harley, b. Sept. 29, 1794.

    Maria, b. July 25, 1797; m. Mark Mazuzan.

    Solomon, b. May 31, 1800.

    Nabby, b. May 24, 1802; m. John Osborn.

    Jesse, b. June 30, 1805.

    Anna, b. May 23, 1807.

    Mary, b. Sept. 24, 1809.

    Clarissa, b.   ; m. David Booth.

    Olive.

    Almira, b. Feb. 6, 1812.

GOODWIN, MICAH, of Ozias; m. Sally Clark of Wethersfield.

    Lydia, b.   ; m. Henry Blinn.

    Clarissa P.

    Mary, b.   ; m. James Guthrie.

    Oliver W.

GOULD, JAMES (Judge), of William; b. Dec. 5, 1770; d. May
11, 1838; m. Sally M. C. Tracy, Oct. 21, 1798.

> William T., b. Oct. 25, 1799; d. at Augusta, Ga., July
> 4, 1882.
> Henry Guy, b. Sept. 16, 1801.
> James K., b. Nov. 2, 1803.
> Edward S., b. May 11, 1805; d. in New York, Feb.
> 21, 1885.
> George, b. Sept. 2, 1807.
> Julia, b. Nov. 7, 1809.
> Charles, b. Sept. 11, 1811.
> John, b. Nov. 5, 1814.
> Robert H., b. March 29, 1818.

GOSLEE, SOLOMON, from Glastonbury, Conn.; m. Lydia
Stone, June 10, 1784.

> Sally, b. Aug. 14, 1786.
> Minerva, b. Jan. 4, 1791.
> Lucretia, b. Feb. 2, 1795.
> Chester C., b. June 3, 1798.
> Henry R., b. Oct. 19, 1800.

GUILD, JEREMIAH, Jr., of Jeremiah, from Middletown,
Conn.; b. April 15, 1792; m. Laura Clark.

GUILE, JOSHUA, m. Jane ————.

> Lydia, b. May 21, 1774.

GUNN, SAMUEL, m. Betty Rockwell, Nov. 26, 1793.

> Polly B., b. Oct. 17, 1794.
> Samuel N., b. March 15, 1797.
> Thomas J., b. July 25, 1799.
> Nancy, b. March 1, 1802.
> Ralph R., b. Dec. 9, 1804.

HALL, WILLIAM, from Guilford, Conn.; m. Mercy Barns,
sister of Enos and Abel and Mrs. Jas. Morris.

William, Jr.

Samuel, b. May 25, 1750.

John, b. Feb. 26, 1754.

m. Jerusha Martin, Feb. 18, 1759.

Webster, b. March 22, 1762.

Mercy, b. June 25, 1764.

Joseph, b. Sept. 14, 1766.

Ithamar, b. Sept. 23, 1768.

HALL, WILLIAM, Jr., of William; d. Nov. 25, 1777; m. Mary Smedley, Feb. 9, 1758.

William, b. Oct. 23, 1758.

Ephraim S., b. May 19, 1761.

Rebecca, b. Feb. 13, 1768.

Gideon, b. June 20, 1774.

David, b. March 27, 1777.

HALL, GILBERT, m. Hannah.

Aaron, b. Oct. 15, 1759.

William, b. March 9, 1762.

HALL, DAVID, m. Hannah.

John, b. Jan. 11, 1766.

Hannah, b. Jan. 24, 1768; d. Feb. 16, 1769.

Hannah, b. Nov. 26, 1769.

HALL, SAMUEL, of William; m. Anne.

Alice, b. April 16, 1777.

Rhoda, b. March 10, 1779.

HALL, JOHN, of William; d. April 4, 1848; m. Damaris Everett, Oct. 17, 1776; she d. Jan. 2, 1849.

Daniel, b. Aug. 8, 1777; d. May 22, 1862.

HALL, JOSEPH, of William; m. Dorcas.

Amanda, b. Aug. 3, 1792.

Ephraim, b. June 13, 1794.
Morris, b. Feb. 15, 1797.
Dorcas, b. Sept. 27, 1799.
Joseph C., b. April 27, 1802.
Huldah, b. Jan. 5, 1805.
Joel, b. Jan. 11, 1808.
Calvin, b. March   , 1812.

HALL, BENJAMIN (brother of first William); m. Damaris
Doolittle, Jan. 28, 1760.

Reuben D., b. June 14, 1762.

‖ HALL, EPHRAIM S., of William, Jr.; m. Sarah Sanford,
1785.

William, b. March 9, 1786.
Mary, b. Sept. 28, 1788.
Annis, b. Aug. 21, 1790.
Sally, b. Sept. 20, 1792.
Rebecca, b. Dec. 4, 1794.
Julia, b. Sept. 6, 1797.
Alanson, b. Dec. 21, 1802.

HALL, ERASTUS, m. Polly Moss,   , 1796.

Andrus, b. Sept. 9, 1797.
Lanson, b. Sept. 15, 1799.
Selina, b. Sept. 1, 1801.
Melicent, b. Feb. 8, 1803.
Polly, b. Jan. 31, 1805.
Erastus, b. Feb. 15, 1808.
Cordelia, b. May 12, 1810.
Delilah, b. March 31, 1815.
Phebe, b. Nov. 29, 1816.

HALL, LINUS, m. Hannah.

Linus, b. Dec. 13, 1790.
Esther, b. March 30, 1792.
Almira, b. Aug. 29, 1794.

Benjamin C., b. Sept. 14, 1796.
Caroline, b. Dec. 13, 1798.
Vanilla, b. Sept. 3, 1803.

HANCOCK, ABNER, m. Rachel.
Uriah, b. Dec. 7, 1771.
Amasa, b. Feb. 15, 1775.

HANKS, BENJAMIN, m. Ellis.
Truman, b. June 11, 1782.

HAND, TIMOTHY, m. Rhoda Bradley, Nov. 24, 1768.
Cyrus, b. Oct. 19, 1769.
Rhoda, b. April 1, 1773.
Rachel.
Stephen.
Guy.
Hiram J.
Tryphena.
Sarah.
Levina.

HANNAH, HUGH, from Voluntown, Conn.; m. Anne Watson, April 18, 1765.
Daniel M., b. Oct. 17, 1766.
Urania, b. Jan. 19, 1768.
Medad, b. Nov. 20, 1769; d. March 25, 1776.
Jonas, b. April 8, 1771.
Agnes, b. Nov. 12, 1773.
Rosanna, b. Aug. 30, 1776.

HARRIS, JOSEPH, from Middletown; b. March 1, 1690; killed by Indians on " Harris Plains," Aug.　, 1722, or 1723 more probably; m. Mary.
Abigail.

‖ HARRISON, THOMAS, from North Branford, Conn.; d. June 16, 1758, in 65th year; m. Hannah. (She may have been his second wife; his first wife having been Elizabeth Sutliff.)

Thomas, Jr.
Gideon.
Ephraim.
Titus.
Abel.
Jacob.
Lemuel.
Elihu.
Levi.

HARRISON, THOMAS, Jr., of Thomas; d. Dec. 23, 1791, ae.
69; m. Sibil Shumway, Sept. 20, 1764.

Thomas, b. Aug. 18, 1765.
Mary Ann, b. June 18, 1769; m. Joseph Mansfield, Jr.
Roswell, b.   ; d. Dec. 25, 1859, ae. 87.
Asahel.

HARRISON, GIDEON, of Thomas; d. Dec. 21, 1801, ae. 77;
m. Sarah Woodruff, Feb. 11, 1746/7; she d. Jan. 17,
1799.

Mary, b. Nov. 29, 1747.
Sarah, b. Feb. 20, 1749/50.
Ann, b. July 28, 1754; d. Sept. 22, 1754.
Joseph, b. Oct. 28, 1752.

HARRISON, EPHRAIM, of Thomas; d. Nov. 7, 1791; m.
Hannah Sanford, Feb. 15, 1751; she d. Jan. 11, 1804,
ae. 74. She was a midwife, her register was of 2,182
children.

Rachel, b. Feb. 15, 1751.
David, b. Nov. 9, 1753; d. April 13, 1812.
Mary, b. Dec. 13, 1754.
Hannah, b. March 20, 1757; m. Elijah Peck, Ebenezer
Marsh, and Timothy Skinner.
Solomon, b. April 17, 1760.
Levina, b. May 17, 1767; d. Aug. 7, 1777.
Lucy, b. March 29, 1762; m. Jesse Spencer, Oct. 14,
1790.

HARRISON, TITUS, of Thomas; m. Anne Peck, Feb. 18, 1756.

    Lois, b. Nov. 6, 1756.

    Noah, b. July 12, 1759.

    Almon, b. June 2, 1761.

HARRISON, ABEL, of Thomas; m. Abigail Chrissey, March 26, 1750.

    m. Anna Garnsey, March 21, 1759.

    A daughter, b. Jan. 9, 1760.

    Reuben, b. Jan. 1, 1762.

HARRISON, JACOB, of Thomas; d. Jan. 21, 1776; m. Elizabeth Plumb, Feb. 3, 1762.

    Samuel, b. Nov. 20, 1763.

    Elizabeth, b. July 4, 1764; m. Noah Beach.

    Jacob.

    Irene.

HARRISON, LEMUEL, of Thomas; m. Lois Barns, Feb. 18, 1762.

    Timothy, b. Oct. 31, 1763.

    Lemuel, b. Nov. 17, 1765; d. at Waterbury, Nov. 23, 1857.

    James, b. July 23, 1767.

    Phebe, b. June 6, 1769.

    Wooster, b. June 18, 1772.

    Olney, b. Nov. 24, 1774; d. Nov. 16, 1776.

    Lois, b. Aug. 29, 1776.

    Andrew, b. Aug.   , 1779.

    Caroline, b. Sept. 18, 1785.

HARRISON, ELIHU, of Thomas; d. June, 1806; m. Thede Woodruff, Jan. 19, 1764; she d. Nov. 5, 1815, ae. 73.

    Anne, b. Dec. 11, 1764; m. Ezekiel Trumbull.

    Lydia, b. Jan. 8, 1766.

    Simeon, b. Oct. 8, 1768.

    Dan, b. Sept. 14, 1770.

HARRISON, LEVI, of Thomas; d. Nov. 14, 1796; m. Electa Woodruff, Oct. 29, 1766.

> Olive, b. June 17, 1767.
> Electa, b. April 12, 1770; m. Samuel Frost.
> John, b. July 25, 1772.
> Sally.
> Betsey.
> Charles.
> Rebecca. (?) (A Rebecca married Leman Woodruff.)

HARRISON, THOMAS, of Thomas, Jr.; m. Eliza.

> Thomas, b. May 14, 1781.

HARRISON, SIMEON, of Elihu; m. Hannah Farnam, June 2, 1796.

> William H., b. Sept. 29, 1797.
> Lucy M., b. Nov. 18, 1800; m. Rev. Abram Brown.
> Alexander H., b. Sept. 1, 1804; d. June 3, 1875.

HARRISON, DAN, of Elihu; b.   ; d. May 6, 1811; m. Abigail Goodwin.

> ‖ ÷ Elihu.
> William, b. July 30, 1799; d. Jan. 25, 1870, at Baltimore.
> James W.

HARRISON, ROSWELL, of Thomas, Jr.; d. Dec. 25 (29), 1859; m. Anna Sperry, May   , 1796; she d. May 17 (Dec. 17), 1819.

> Mary Ann, b. Sept. 29, 1798.
> Silla M., b. April 16, 1801; d. April 19, 1882.
> Stephen S., b. Oct. 7, 1804; d. Dec. 2, 1880.
> m. Zerrian Hull,   , 1821.
> Elizabeth, b. June 13, 1822.
> m. Sarah Merriman (widow).

HARRISON, ASAHEL, of Thomas, Jr.; d. March 30, 1823, ae. 45; m. Mirriam Harris of Canaan, Conn.

HARRISON, JOHN, of Levi; m. Mahala Peck, June 23, 1800.

    Charles Lewis, b. March 19, 1801.

    Clarissa Woodruff, b. Dec. 7, 1802.

HART, BENJAMIN, m. Hannah Curtis, Dec. 15, 1775.

    Phebe and Lucy, b. Aug. 28, 1784.

    Jonathan, b. Aug. 11, 1786.

    Isaac, b. April 1, 1788; m. Martha Butler.

    Lydia, b. Sept. 30, 1794.

HART, WILLIAM A., from Saybrook, Conn.; m. Margeritta
    Smith, July 5, 1787; she d. Sept. 7, 1803, ae. 36.

    Philela, b. April 8, 1788.

    William A., b. Jan. 23, 1790.

    Lorenzo, b. May 9, 1792.

    Nancy, b. Sept. 9, 1795.

    Lurana, b. Sept. 9, 1795.

    Margeritta, b. July 22, 1797.

    m. Mary Merrill, Nov. 26, 1803.

    Abiel W., b. Nov. 7, 1804.

HASKIN, ELKANAH, m. Lois Kilborn, Sept. 18, 1754.

    Abraham, b. Sept. 20, 1755.

    Lydia, b. April 6, 1757.

    Daniel, b. July 13, 1759.

    Dorcas, b. Jan. 30, 1765.

HASKIN, ABRAHAM, of Elkanah; m. Hanna Stockwell, Feb.
    10, 1774.

HASKIN, DANIEL, of Elkanah; m. Susanna Bartholomew,
    March 23, 1780.

    Elisha, b. Oct. 27, 1780.

    Anne, b. Dec. 4, 1782; d. Sept. 25, 1793.

    Truman, b. April 20, 1785.

    Polly, b. Feb. 6, 1787.

    Solomon, b. Sept. 1, 1790; d. July 2, 1793.

    Whitman, b. Oct. 11, 1792.

HAWLEY, ENOS, m. Mary.

Anne, b. April 11, 1759.
Lucy, b. Dec. 12, 1760.
Lucy, b. March 29, 1762.

HAZZEN, SAMUEL, m.

Samuel, b. April 5, 1749.

HEATH, JOSEPH, m. Mercy.

Jacob, b. Aug. 19, 1764.
Joseph, b. Feb. 4, 1766.
Susanna, b. Jan. 4, 1768.
Lois, b. March 30, 1770.
Sybil, b. May 29, 1774.
Waitstill, b. Sept. 7, 1776.
Waitstill, b. Sept. 4, 1778.
Aaron, b. Nov. 19, 1780.

HEBBARD, REUBEN, m. Rachel Peck, Oct. 14, 1740

Margaret, b. March 6, 1741.
Christian, b. Sept. 2, 1742.
Rachel, b. March 21, 1752.

HEBBARD, NATHAN, m. Elizabeth.

Reuben, b. June 19, 1770.
Nathan, b. Feb. 6, 1774.
Miranda, b. March 6, 1776.

HENDRICK, ABEL, m. Lois.

Lucy, b. June 30, 1787.
Abel, b. Oct. 7, 1789.

HIDE, JOSHUA, m. Rhoda Collins.

Luther, b. Sept. 25, 1751.
Lewis Collins, b. July 3, 1755.
Joshua, b. July 27, 1758.

HOLLEY, ELNATHAN, m. Anne Mattocks, Sept. 28, 1783.

> Ruhamah, b. May 5, 1784.
> Walter, b. Aug. 4, 1785.
> Martha, b. June 10, 1787.
> William, b. Jan. 11, 1790.
> Anne, b. March 5, 1792.

HOLMES, THOMAS, m.

> Thomas S., b. May 22, 1773.

‡ ‖ HOLMES, URIEL, m. ———— Austin, 1794, dau. of Aaron Austin of New Hartford.

> Henry, b. Feb. 14, 1795.
> Uriel, b.   ; d. July 4, 1818.

HOLLISTER, NAOMI, b.   13, 1770.

HOPKINS, ASA, Lieut., from Hartford; d. Sept. 18, 1766; m. Abigail Harris, Oct. 1, 1741.

> Asa, Jr., b. Nov. 13, 1742.
> Harris, b. March 1, 1744/5.
> Abigail, b.   ; m. Miles Beach.
> m. Rhoda Collins, widow of Fitch.
> Rhoda, b. Nov. 1, 1759.

HOPKINS, ASA, Jr., of Asa; m. Phebe Grainger, Oct. 28, 1765.

> Asa, b. Sept. 28, 1766.

HOPKINS, HARRIS, of Asa; m. Margaret Peck, April 4, 1764.

> Joseph Harris, b. Nov. 4, 1764.
> William, b. Dec. 15, 1766.
> Abigail, b. Aug. 12, 1770; m. Henry Bates of Green Co., N. Y.
> Rhoda, b. March 26, 1773; m. Elijah Wadsworth.
> Anna, b. Nov. 16, 1776; m. M. Turner of Virginia.
> ‖ Asa, b. Feb. 2, 1779.
> Sally, b. Jan. 29, 1785; m. ———— Bryan of Watertown.

HOPKINS, JOSEPH H., of Harris; m. Phebe Turner, March 3, 1790.

> Orange, b. May 28, 1791.
> Edward, b. Jan. 31, 1797.
> Pamela, b. May 29, 1799.
> Sarah T., b. Jan. 31, 1803.

HOPKINS, WILLIAM, of Harris; m. Thankful Baldwin, April 25, 1798.

> George W., b. March 27, 1800.
> William L., b. Sept 17, 1803.
> Matilda, b. Oct. 25, 1807.
> Orra S., b. March 20, 1812.

HORSFORD, BENJAMIN, from Windsor; m. Experience Smith, May 9, 1723, dau. of Nathaniel Smith.

> Reuben, b. April 13, 1724.
> John, b. June 6, 1726.
> Asael, b. March 8, 1728.
> Ezekiel, b. Dec. 2, 1729.
> Noah, b. Oct. 19, 1731.
> Gideon, b. Nov. 20, 1733.

HORSFORD, NATHANIEL, from Windsor; d. April 3, 1748; m. Mary Phelps, April 19, 1700; she d. Jan. 3, 1750/1.

> Sarah, b. April 3, 1701; d. Dec. 18, 1705.
> Ann, b. Aug. 3, 1702; d. Oct. 28, 1702.
> John, b. Oct. 3, 1703; d. Dec. 3, 1724 (Litchfield record). The above from Stiles' His.
> Sarah, b. July 11, 1706.
> Nathaniel, Jr., b. Oct. 31, 1708.
> Mary, b. Aug. 8, 1710.
> William, March 26, 1715.
> Isaac, b. Feb. 4, 1717.
> David.

HORSFORD, WILLIAM, m. Mary Mason, March 17, 1736.

> Ruth, b. Dec. 16, 1736.
> Ann, b. Dec. 2, 1738; m. E. Benton, Jr.
> John, b. Sept. 16, 1740.
> William, b. Sept. 7, 1742.

HORSFORD, NATHANIEL, Jr., of Nathaniel; d. Oct. 11, 1781; m. Martha Strong, Oct. 2, 1746.

HORSFORD, JESSE, m. Elizabeth Alford, Oct. 11, 1747.

> Elijah, b. March 13, 1749/50.
> Elizabeth, b. Feb. 9, 1752.
> Eli, b. Aug. 22, 1754.
> Sarah, b. Nov. 26, 1756.
> Jeremiah, b. Nov. 2, 1758.

HORSFORD, ISAAC, of Nathaniel; d. Jan. 8, 1761; m. Mindwell.

> Aaron, b. Dec. 27, 1751.
> Isaac, b. Aug. 28, 1756.
> Reuben, b. Oct. 13, 1758.
> Mindwell.

HORSFORD, JOHN, Jr., of John, of William; m. Mary Mansfield, Oct.   , 1794.

> Pamela, b. March 7, 1795.
> Neri, b. Feb. 14, 1797.
> Mary, b. Sept. 19, 1798.
> Betsey, b. Aug. 20, 1800.
> Levina, b. A—. 14, 1802.
> Harriet, b. Aug. 17, 1805.
> William, b. Feb. 19, 1808.
> Naomi, b. Oct. 26, 1810.

HORSFORD, TIMOTHY, b. Oct. 20, 1662; probably from Windsor; d. Jan. 7, 1740.

HOTCHKISS, ELIHU, from New Haven; m. Lydia Robinson, 1769.

Mary, b. Dec. 26, 1776.
Rachel, b. Feb. 28, 1779.
Lyman, b. May 26, 1781.
Lydia.
Sally.
Elihu.
Betsey.

HUMASTON, JOHN, from New Haven; m. Mary Sanford, June 5, 1738; she d. March 8, 1742.

Mary, b. May 10, 1739.
John, Jr., b. Feb. 25, 1741/2.
m. Ruth Culver, Dec. 29, 1742, who d. Dec. 31, 1769.
Thankful, b. Nov. 26, 1743.
Noah, b. Dec. 20, 1745.
Damaris, b. Feb. 10, 1746/7.
Amos, b. May 30, 1749.
Titus, b. Nov. 30, 1751.
Ruth, b. June 9, 1753; m. David Allen.
Lois, b. May 30, 1755.
Enos, b. Nov. 27, 1756.
Martha, b. Jan. 9, 1760; d. Nov. 10, 1760.
Keziah.
m. Thankful Tyler, June 21, 1770.

HUMASTON, JOHN, Jr., of John; m. Hannah Sanford, Dec. 14, 1769.

Sherman, b. Sept. 24, 1789.

HUMASTON, TITUS, of John; m. Beulah Batchelor, Dec. 20, 1775.

Elisha, b. Nov. 5, 1776.
Content, b. Dec. 24, 1777; d. Aug. 5, 1781.
Live, b. Aug. 17, 1780.
Lyman, b. Jan. 14, 1782.
Isaac, b. June 14, 1783.
Polly, b. Aug. 24, 1784.

HUMASTON, SILAS, m. Mary Blakeslee, Jan. 6, 1794.

HUMPHREVILLE, m. Ursula Preston; she d. May 26, 1882, ae. 102 years 3 months 14 days.

HUNTINGTON, ISRAEL, b.   ; d. 1813, ae. 63; m. Anna Peck, June 7, 1764; she d. Jan.   , 1811.

‖ :: : † HUNTINGTON, JABEZ W., from Norwich, Conn.; Rep. in Cong.; U. S. Senator; Judge.

HUNTINGTON, DAN (Rev.), from Hadley, Mass.; d. at H., Oct. 30, 1864, ae. 92; m. Elizabeth W. Phelps, Jan. 1, 1800.

> Charles P., b. March 24, 1802.
> Elizabeth P., b. May 8, 1803.
> Wm. Pitkin, b. July 16, 1804; d. at Amherst, Mass., March 7, 1885.

JENKINS, JOSEPH, m. Abigail; she d. Jan. 20, 1752, ae. about 29; m. Hannah.

> Samuel, b. Oct. 4, 1753.
> Abigail, b. Jan. 28, 1756.
> Dorcas, b. Dec. 19, 1757.
> Mary, b. Oct. 31, 1759.
> Joseph, b. Nov. 18, 1761.

JOHNSON, m. Mary Pears, Dec. 31, 1740.

JOHNSON, EDWARD, from Branford, Conn.; m. Elizabeth Barnes.

> Zadock.
> Daniel.
> Hannah, b.   ; m. Abraham Harrison.
> Edward.
> Amos, b.   ; d. in captivity in New York, Dec. 21, 1776, ae. 38.
> Zachariah.

8

Jonathan.

Elizabeth, b.	; m. ———— Butler.
Esther, b.	; m. Lemuel Gibbs.
Experience.	
Anna, b.	; m. ———— Farnam.
Phebe, b.	; m. Hezekiah Orton, Jr.

JOHNSON, AMOS, of Edward; m. Jemima Chamberlain, Oct.
16, 1762.

Anne, b. July 25, 1763.
Huldah, b. Jan. 23, 1765.
Luther, b. Feb. 14, 1767.
Amaziah, b. April 1, 1769.
Lydia, b. July 7, 1771.
Jemima, b. Aug. 21, 1773.
Olive, b. Oct. 26, 1775; d. Aug. 7, 1777.

JOHNSON, JONATHAN, of Edward; m. Jane Gibbs, Jan. 12,
1775.

Eliza, b. Nov. 2, 1775.
Edward.
Amos.
John.
Rhoda.
Betsey.

JOHNSON, EDWARD, Jr., of Edward; m. Abigail Stoddard,
Nov. 13, 1760.

Lois, b. April 15, 1761.
Orange, b. July 14, 1762.
Abigail, b. March 30, 1764.
Lycretia, b. Feb. 25, 1766.
Sylvia, b. June 4, 1769.
Seymour, b. April 30, 1771.
Edward, b. July 15, 1773.

JOHNSON, ZACHARIAH, of Edward; m. Sarah Peck, July
25, 1765. (So recorded.)

Elizabeth, b. March 1, 1764 (so recorded); d. Dec. 6, 1766.

Minerva, b. July 7, 1768.

Elijah, b. Oct. 4, 1770; d. Aug. 7, 1777.

Irene, b. Dec. 21, 1782.

Isaac, b. Aug. 9, 1773; d. July 26, 1777.

Elvin, b. June 18, 1776; d. Aug. 6, 1777.

Sarah, b. June 4, 1778.

JOHNSON, LAMBERT, m. Matilda Smith, Sept. 20, 1785.

Clarissa, b. Feb. 24, 1786.

Asa, b. March 15, 1788.

Nabby, b. Aug. 12, 1791.

John, b. Oct. 4, 1793.

JOHNSON, BENJAMIN, m. Lucretia Kilborn, Feb.   , 1785.

Dotha, b. Dec. 14, 1786; m. James Birge, Jr.

Luther, b. Oct. 25, 1791; m. Polly Parmelee.

Benjamin, b. July 13, 1794.

Horace, b. Oct. 24, 1797; m. Harriet Moore.

Sally, b. Dec. 20, 1802.

JOHNSON, LUTHER, of Amos; m. Betsey Perkins.

Olive, b. Feb. 13, 1792.

Amos, b. Dec. 6, 1794.

Lewis, b. May 16, 1796.

Emily, b. Oct. 9, 1798.

Stephen, b. March 7, 1800.

Lucy, b. Feb. 2, 1802.

Polly, b. June 13, 1804.

George, b. Nov. 2, 1810.

JOHNSON, MORRIS, m. Elizabeth Barns, April 1, 1792.

JOHNSON, ELIAS, m. Chloe.

Lucy.

JONES, ISAAC (Rev.), from New Haven; d. March 1, 1850, ae.
75; m. Tabatha Thomas, Oct. 17, 1804; she d. Oct. 9,
1852, ae. 65.

Julia Henrietta, b. at Woodbridge, Dec. 14, 1805; d.
Nov. 14, 1851.
Wm. Edwin, b. at Litchfield, May 31, 1817; d. March
9, 1851.

JONES, HARRIS, from New Haven; d. Sept. 2, 1824, ae. 90;
m. Anne.

Mary, b. Nov. 28, 1760.

JONES, EATON, from Wallingford, son of Samuel; m. Eliza-
beth Catlin, May 5, 1756.

Samuel, b. Oct. 15, 1756; d. Dec.   , 1759.
Lucina, b. Sept. 12, 1758.
Samuel, b. Oct. 25, 1760.
Eaton, Jr., b. Nov. 9, 1762.
James, b. June 19, 1765.
Homer, b. Sept. 29, 1767; d. Oct. 1, 1757.
Liza, b. Sept. 27, 1768; d. young.
Liza, b. March 10, 1771.
Charles, b. Nov. 20, 1774.
Katharine, b. May 6, 1777.

JONES, EATON, Jr., of Eaton; m. Mary McNeil, May 1, 1788.

Mary, b. Oct. 25, 1789.
Marcus, b. Jan. 1, 1791.
Julius, b. Jan. 1, 1791.
Abigail, b. April 20, 1793.
Maria, b. March 4, 1795.
Charles, b. April 26, 1797.

JONES, ELIAKIM, m. Hannah.

Harriet W., b. March 16, 1789.

JOY, JOHN. He joined the British and his estate was confis-
cated in 1779; m. Submit Bishop, Sept. 23, 1766.

Jacob, b. Oct. 23, 1767.
Nabby, b. March 15, 1770.
John, b. Jan. 7, 1773.

JUDD, JESSE, son of Wm. Judd, of Farmington; b. 1739; m.
Mary Buel, of Jonathan of Goshen; she m., second,
Moses Lyman.

Nancy, b.	, 1767; m. F. F. Olmsted.
Clarissa, b.	, 1769; m. Elisha Baldwin.
Orin, b.	, 1771.
Jesse, b.	, 1773; d. in Lake, 1812.
Polly, b.	, 1775; m. Theodore Norton and Joel Mellone.
Samuel, b.	, 1777.
Huldah, b.	, 1779; m. Neal.
Norman, b.	, 1781.

JUDSON, ELIJAH, from Newtown; m. ————.

Gershom.
Enoch.
Samuel.

Eben, b.	; m. Polly Taylor.
Anna, b.	; m. Timothy Miller.

KNAPP, MOSES, b.   ; d. June 9, 1789; m. Rachel.

Abraham.
Moses.
Jabez.
Isaac.
Jared.
Jemima.
Phebe.
Tamson.
Sarah.

KNAPP, JARED, of Moses; m. Caty Baldwin, June 9, 1795.

Sophia, b. April 5, 1796.
Mary, b. Feb. 23, 1798.
William R., b. Jan. 6, 1800.

Charles H., b. March 9, 1802.
Catharine, b. Feb. 23, 1804.
George W., b. July 22, 1806.
Betsey J., b. May 30, 1808.
Lucy M., b. May 22, 1813.
Julia B., b. May 3, 1817.

KELLOGG, BENJAMIN, m.

Ebenezer.

KELLOGG, EBENEZER, of Benjamin; m. Molly Bissell, Dec.
9, 1779.

Lorain, b. Sept. 25, 1780.
Isaac, b. Nov. 6, 1782.

KELLOGG, JAMES, from Norwalk, Conn.; m. Lydia Nash,
Nov.   , 1779; she d. Aug.   , 1794.

James, b. July 17, 1781.
Polly, b. Dec. 29, 1782.
Elijah, b. Oct. 18, 1784.
Rufus, b. Dec. 13, 1786.
Abigail, b. Jan. 5, 1789.
Edward, b. Oct. 18, 1790; m. Esther Warner.
Frederick, b. Aug. 11, 1792; m. Minerva Warner.
Lydia, b. April 28, 1794; m. Merrit Clark.
m. Martha Johnson,   , 1795.
Charles, b. Aug. 14, 1798.
Clark, b. Oct. 14, 1800.
Anna Weed, b. March 26, 1803.
Julia, b. March 21, 1805.
Merrit, b. Dec. 17, 1808.
All the children down to Lydia born in Norwalk; Lydia,
Charles, and Clark born in State of New York;
Anna, Julia, and Merrit born in Litchfield.

KELLEY, JOHN, 2d, m. Elizabeth Johnson, Oct.   , 1769.

Daniel, b. March 3, 1770.

Gad, b. Nov. 16, 1771.
John, b. Oct. 15, 1773.
Olive, b. Aug. 7, 1775.
Phebe.
Joseph J.

KELSEY, CHARLES, m. Hannah Filer, Nov. 8, 1770.

Mabel, b. Feb. 7, 1772.
Charles, b. May 31, 1773.

KENNEY, DAVID, from East Hartford, Conn.; m. Ruth
Hotchkiss,   , 1793.

Harriot, b. Feb. 7, 1794.
Chester, b. March 4, 1795.
Leonard, b. Feb. 23, 1797.
Jan, b. Sept. 17, 1799.
Ranshar, b. March 19, 1802.
Charles, b. July 17, 1804.
Polly, b. April 17, 1807.
Lemuel H., b. June 16, 1810.
Joseph M., b. March 23, 1813.

KENT, SETH, m. Lois.

Darius, b. Dec. 18, 1758; m. Urania Vaill.
Dorcas, b.   ; m. Abel Cobb.
Maria.

‖ KILBORN, JOSEPH, from Weathersfield, Conn.; d. 1744;
m. Dorathy Butler, June 4, 1696; she d. Aug. 19, 1709.

Joseph, Jr., b. July 9, 1700; m. Abigail Stockwell.
James, b. April 13, 1707; m. Sarah Bissell.
Jonathan, b. March 17, 1703; m. Sarah Dickinson.
Dorathy, b.   ; m. Joseph Birge.
m. Esther Gibbs, b. June 29, 1710.
Esther, b.   ; m. Samuel Smedley, Jr.
Benjamin.
Elizabeth, b. Oct. 19, 1716; m. Isaac Catlin.
Mary.

KILBORN, SAMUEL, of Abraham, from Weathersfield; d.
Dec. 12, 1748; m. Mary Garritt.

Sarah, b. Jan. 31, 1726/7; m. Lieut. Amos Parmelee.
Giles, b. Jan. 25, 1728; m. Mary Pettibone and Chloe
Munger.
Mary, b. Jan. 17, 1730/1; m. Nathaniel Woodruff.
Cybil, b. Jan. 31, 1732/3; m. John Dibble of Goshen.
John, b. April 15, 1735; m. Anna Smith.
Temperance, b. Oct. 18, 1739; d. May   , 1807, un-
married.
Ann, b. July 2, 1741; m. Aaron Stoddard.

KILBORN, JOSEPH, Jr., of Joseph; b. at Weathersfield, July
9, 1700; d. 1756; m. Abigail Stockwell, Nov. 12, 1723;
she d. May 20, 1748.

Son, b. July 25, 1724; d. same day.
Son, b. June 8, 1725; d. same day.
Elisha, b. Oct. 16, 1726.
Benjamin, b. April 4, 1728; m. Hannah Stoddard.
Jeremiah, b. July 17, 1733; d. July 30, 1733. (So re-
corded.)
Ruth, b. May 9, 1734; m. Nathaniel Colver.
Solomon, b. March 1, 1736; m. Anna Palmer.
Ann, b. March 7, 1731; m. Thomas Goodwin.
Charles, b. Feb. 24, 1740; killed by a cart, May 25,
1756.
Catharine, b. April 19, 1742; m. George Marsh.
Abigail, b. May 20, 1744; m. Zachariah Whitman.
m. Ama.
Samuel, b. March 12, 1752; d. Dec. 12, 1758.

KILBORN, JAMES, of Joseph; d. March 9, 1762; m. Sarah
Bissell, Sept. 12, 1733.

Roswell, b. June 29, 1734; m. Irene Bacon.
Appleton, b. Sept. 12, 1736; m. ———— Goddard.
Lucy, b.   ; m. Roger Marsh.
Honor, b.   ; m. Stephen Webster.

Rhoda, b. May 9, 1744; m. Elisha Marsh.

Sarah, b. Nov. 27, 1746; m. Laban Beach.

James, Jr., b. Jan. 5, 1750; m. Mary Crampton.

Rachel, b. July 22, 1753; m. Silas Dibble.

KILBORN, JONATHAN, of Joseph; m. Sarah Dickinson, Oct. 27, 1737; she d. April 6, 1739.

Jonathan, b. March 28, 1739.

m. Sarah Bliss, Sept. 17, 1740.

Elijah, b. Jan. 17, 1742/3; d. Jan. 27, 1742/3.

Joseph, b. March 5, 1744/5; m. Elizabeth Marsh.

Lemuel, b.   ; m. Phebe Judson.

Jehiel, b.   ; m. Amy Vaill.

|| KILBORN, ABRAHAM, of Abraham, of Wethersfield; d. Feb. 25, 1776; m. Rebecca,   ; she d. June 16, 1767, ae. 63.

Eunice, b. Nov. 7, 1735; m. John Stoddard.

Isaac, b. Jan. 16, 1739; m. Mehitabel Doolittle.

David, b. April 28, 1742; m. Lovisa Borden.

Jesse, b. Jan. 2, 1744; m. Sarah Mattocks.

Rebecca, b. Jan. 26, 1746; m. Uriah Catlin.

Abraham, b.   ; d. Sept. 3, 1747.

Lois, b.   ; m. Elkinah Hoskins.

KILBORN, BENJAMIN, of Joseph, Jr.; m. Hannah Stoddard, Dec. 5, 1751; she d. 1756.

Ruth, b. Oct. 17, 1752; m. Jonah Stone.

Lewis, b. May 22, 1755.

m. Lucy Bishop, March 20, 1757.

Charles, b. March 3, 1758.

Nancy.

Hannah.

Benjamin, Jr., b. Jan. 27, 1765.

David, b. Feb. 21, 1767.

Samuel, b. Feb. 21, 1769.

Joseph, b. Feb. 15, 1771.

Lucy, b. March 17, 1773.

Billy and Polly, b. May 6, 1778.

KILBORN, SOLOMON, of Joseph, Jr.; d. 1806; m. Anne
Palmer, April 8, 1756.

Rachel, b. Aug. 18, 1757.
Hannah, b. March 6, 1760.
Jeremiah, b. April 8, 1762.
Solomon, Jr., b. Dec. 17, 1764.
Anne, b. July 12, 1767; m. Gideon Stoddard.
Olive, b. Jan. 25, 1769; m. Thomas Goodwin.
Whitman, b. April 12, 1772; m. Thalia Osborn.
Sybil, b. Nov. 8, 1774.

KILBORN, ISAAC, of Abraham; m. Mehitabel Doolittle, May
8, 1757.

Abraham, b. Nov. 15, 1759.
Ira, b. Jan. 31, 1762.
Anthony, b. March 17, 1764.
Rebecca, b. July 27, 1767.
Mercy, b. Jan. 13, 1769.
Hepsibah, b. May 8, 1771.
Mehitabel, b. March 27, 1773.

KILBORN, DAVID, of Abraham; m. Lovisa Borden, April 20,
1763; she d. Nov. 2, 1768.

Theral, b. Oct. 19, 1767; m. Rebecca Waugh.
m. Deidamia, June 15, 1769.
Orange, b. Feb. 23, 1770; m. Rhoda Stone.
James, b. Sept. 21, 1771; m. Diantha Smith.
Levi, b. April 15, 1773; m. Anne Bradley.
Reuben, b. June 15, 1775; d. June 28, 1779.
Samuel, b.   ; m. Maria Patterson.
Erastus, b.   ; m. Lydia Wetmore.

KILBORN, JESSE, of Abraham; m. Sarah Mattocks, Feb. 24,
1765.

Lucretia, b. Dec. 13, 1765; m. Benjamin Johnson.
Jacob, b. Sept. 10, 1767; m. Lucy Bradley.
Heman, b.   ; m. Sally Baldwin.

Jesse, b.   ; m. Abigail Ward.

Truman, b.   ; m. Deborah B. Cushman.

KILBORN, GILES, of Samuel; m. Mary Pettibone.

Samuel.

m. Chloe Munger.

John, b. March 16, 1766; d. 1835.

Chauncey.

Rhoda.

Laura.

Anna.

Olive.

Mary.

Elizabeth.

KILBORN, LEMUEL, of Jonathan; m. Phebe Judson, March 17, 1762.

Lemuel J., b. April 3, 1763.

Philo, b. Nov. 12, 1769.

KILBORN, JOSEPH, of Jonathan; m. Elizabeth Marsh, Nov. 30, 1765.

Susannah, b. July 4, 1766.

Timothy, b. June 11, 1768; went to Canada.

Elizabeth, b. June 7, 1770.

Aaron, b. Jan. 30, 1773; went to Canada.

KILBORN, ROSWELL, of James; d. Feb. 8, 1777; m. Irene Bacon,   ; she d. Feb.   , 1768.

Rhoda, b. May 4, 1761.

Roswell, b. April 7, 1763.

Elizabeth, b. June 4, 1765.

A daughter, b. Aug. 6, 1767; d. Aug. 7, 1767.

m. Patience Jenkins, Jan.   , 1769.

Irene, b. June 19, 1769.

Rebecca, b. Nov. 5, 1770; d. Dec. 24, 1770.

Rebecca, b. Aug. 21, 1772.

John, b. May 19, 1775.

Joseph, b. Feb. 15, 1777; d. Aug. 24, 1777.

KILBORN, JAMES, Jr., of James; m. Molly Cramton, May 15, 1771.

Sarah, b. May 20, 1772.

Abel, b. Sept. 4, 1776.

KILBORN, LEWIS, of Benjamin; m. Anne Parmelee, Jan. 30, 1782.

Charles, b. May 28, 1783; m. Anne Baldwin.
Dotha, b. July 24, 1785; m. Timothy Churchill.
Norman, b. July 15, 1790.
Benjamin, b. June 17, 1799; m. Amanda Millard.

KILBORN, CHAUNCEY, of Giles; m. Hannah Kenyon.

John.
Payne Kenyon.
Giles.

KILBORN, JEREMIAH, of Solomon; m. Anne Bishop, April 28, 1785.

Lucretia, b. Jan. 29, 1786.
Noah, b. Jan. 11, 1787; m. Thirza Kilborn.
Freeman, b. May 28, 1789; m. Almira Tryon.
Putnam, b. June 10, 1791; m. Caty Kilborn.
Anne, b. April 12, 1793; m. Darius Turrell.
Almira, b. Sept. 29, 1795; m. Lewis G. Humaston.
Nancy, b. May 9, 1799; m. Harmon Stoddard.
Lovina, b. April 21, 1804.

KILBORN, JACOB, of Jesse; d. July 7, 1859; m. Lucy Bradley, Sept. 12, 1789; she d. Aug. 8, 1851, ae. 83.

Norman, b. April 15, 1790; m. Lucy Peck.
Nabby, b. Aug. 3, 1792; m. James Wallace.
Truman, b. Jan. 1, 1795; m. Emeline Coe; he d. March 16, 1882.
Sally, b. June 24, 1797.

KILBORN, JAMES, of David; d. May 20, 1809; m. Diantha Smith, Dec. 25, 1795.

>Julia, b. Jan. 6, 1797; d. July 15, 1797.
Clarissa, b. Oct. 18, 1798; m. George Bolles.
Susan, b. Nov. 14, 1800.
Elisha, b. July 10, 1803.
Orrin S., b. Oct. 18, 1806; d. March 9, 1809.
Julia M., b. Oct. 25, 1809; d. Dec.   , 1819.

KILBORN, LEVI, of David; m. Anna Bradley, Nov. 27, 1794; sister of Aaron.

>Maria, b. Jan. 28, 1800.
Marina, b. Jan. 28, 1800; m. Walter Coe.
Mary Ann, b. June 2, 1807; m. Lucius Wilmot.

KILBORN, JOHN, of Giles; d. Feb. 6, 1835; m. Lois Stoddard, April 26, 1790; she d. Dec. 26, 1831.

>Thirza, b. Aug. 26, 1796; m. Noah Kilborn.
Harry, b. Sept. 12, 1798; m. Mary C. Judson.
Mehala, b. March 8, 1801.
Mary, b. Dec. 2, 1803; d. Nov. 10, 1826.

KING, DAVID, m. Sally Marsh, June 29, 1773.

>David, b. Oct. 19, 1773.
m. Hannah Farnam, widow of Asa Peck.

KIRBY, JOSEPH, from Woodbury, Conn.; d. 1776; son of Roger; m. Rachel.

>Rachel, b. March 4, 1759.
Reuben, b. Nov. 17, 1760.
Seula, b. July 18, 1762.
Sarah, b. Feb. 18, 1765.

KIRBY, ABRAHAM, of Roger, from Woodbury, Conn.; m. Eunice Starkweather, May 31, 1756, in Washington, Conn.

>Ephraim, b. Feb. 23, 1757.

James, b. July 15, 1758.
Martha, b. Feb. 10, 1760; d. March 25, 1760.
Martha, b. Dec. 30, 1760.
John S., b. Sept. 20, 1762.
Abraham, b. April 3, 1764.
Eunice, b. March 20, 1766.
Joseph, b. April 28, 1768.
Mary, b. Aug. 1, 1771.
Sabra, b. Feb. 27, 1773.
Ama, b. July 21, 1775.
Ann (?), b.   , 1777.

|| KIRBY, EPHRAIM, of Abraham; publisher of " Kirby's Reports; " m. Ruth Marvin, March 17, 1784.

Fanny, b. April 6, 1785; m. J. L. Smith; he d. May 24, 1846.
Harriet, b. March 20, 1788; d. Aug. 25, 1789.
Reynold M., b. March 10, 1790; m. ———— Allen of Pittsfield.
Edmund, b. April 8, 1794; d. Aug. 20, 1849; m. ———— Brown.
Ephraim, b. Jan. 25, 1796.
Harriet, b. May 23, 1798; m. Maj. Bolton.
Helen, b. Nov. 18, 1800.
Catharine, b. Oct. 11, 1802; m. ———— Russell.

KIRBY, ROGER, of Woodbury, Conn.; came in 1793 to visit his daughter, Mrs. Joseph Bunnell, in Milton Society, or southeast part of Cornwall, and died there June 12, 1793, ae. 95, and was buried in the old Milton Cemetery. His daughter, Mrs. Joseph Bunnell, died in the same house, May 7, 1835, aged 93. She was the ancestress of Ephraim Kirby Bunnell.

KIYES, ZACHARIAH, m. Mary Goodell, Sept. 20, 1750.

David, b. Aug. 24, 1751; d. Aug. 25, 1751.
Lucy, b. Sept. 21, 1752.
Rhoda.

LAMSON, DANIEL, b. March 28, 1755; d. Oct. 6, 1852; m.
    Lois Benton, June 17, 1784.
    m. Widow Anna Benton, June 1, 1833.
        Lois Octavia, b. April 12, 1834.

LANDON. Four brothers came from Southhold, Long Island,
    viz.: James, Daniel, David, and John.

LANDON, JAMES, removed to Salisbury with John; m. Sarah
    Bishop.
        Sarah.
        James.
        Asa, b. July 27, 1736.
        Ezekiel, b. Aug. 31, 1738.
        Thomas, b. Sept. 10, 1740.
        Rachel, b. Oct. 11, 1742.
        Ambrose, b. Sept. 9, 1744; father of John R. Landon.
        Lois, b. July 11, 1746.
        Samuel.
        Luther.
        Nabby.
        Nancy.

LANDON, DANIEL, m. Martha Youngs, May 22, 1736.
        Daniel, b. Feb. 11, 1737; m. Chloe Smith.
        Abner, b. March 10, 1739/40; m. Eunice Gibbs.
        Molly, b. April 6, 1743; m. Sylvanus Bishop.
        John, b. May 14, 1747; m. Abigail Bissell.
        Seth, b. Dec. 18, 1749; m. Anna Beach.
        Nathan, b. June 8, 1752; m. Sally Smith.
        Oliver, b. March 12, 1755; m. Aner Watkins.
        Joseph, b. Feb. 3, 1758; d. Aug. 24, 1775.

LANDON, DAVID, m. Mary Osborn, from East Hampton, L.I.
        Mary, b. Nov. 22, 1739; m. Archelus Buell.
        David, b. Oct. 13, 1741.
        Benjamin, b. March 8, 1744.

Thomas, b. Jan. 14, 1745/6.
Nathan, b. Aug. 7, 1748.
Reuben.
Ebenezer.
m. Thankful Dickinson, from Hatfield, Mass.
Thankful, b. Aug. 30, 1756; m. Benj. Gibbs and Jon-
athan Wright.
Ebenezer, b. Dec. 10, 1760.

LANDON, DANIEL, Jr., of Daniel; m. Chloe Smith, Nov. 9,
1755.

>Sarah, b. March 10, 1756; m. Phineas Baldwin.
Caroline, b. Dec. 31, 1757; m. Henry Plumb.
Anne, b. April 19, 1760; m. O. Dickinson; d. Dec. 25,
1849.
Molly, b. Jan. 11, 1763; m. James Collins.
Daniel, b. Feb. 25, 1765.
Stephen, b. Dec. 18, 1766; d. Feb. 14, 1768.
Jeremiah, b. May 31, 1769.
Nancy.
Norman.
Rhoda.
Clarissa.
William.

LANDON, ABNER, of Daniel; m. Eunice Gibbs.

>Lydia, b. April 15, 1759; m. Benjamin Smith.
James, b. Jan. 13, 1761.
Remembrance, b. Sept. 20, 1765; m. Sally Ensign.
Mehitabel, b. June 5, 1767; m. David Harrison.

LANDON, NATHAN, of Daniel; m. Sarah Smith, Feb. 13, 1788.

LANDON, SETH, of Daniel; m. Anne Beach, Dec. 26, 1771;
she d. Nov. 10, 1800.

>Sylvia, b. Jan. 6, 1773; m. Benjamin Vaill.
Zophar, b. Oct. 3, 1774; m. Phebe Gibbs.

Seth, b. April 13, 1777; m. Sally Catlin.

Anne Eliz'th, b. Jan. 6, 1779; m. **Levi Catlin.**

Asenath, b.   ; m. Orin Judd.

Martha, b.   ; m. Aaron Marsh.

Samuel.

m. Eunice Seymour, Nov. 23, 1801.

LANDON, DAVID, Jr., of David; m. Chloe Buell.

> Temperance, b. Dec. 9, 1762.
> Ozias, b. Oct. 28, 1764.
> Thaddeus, b. Dec. 1, 1766; m. Anne Baldwin.
> David, b. April 6, 1769.
> Asahel, b. Aug. 6, 1772.
> Chloe, b. March 8, 1775.
> Idea.
> Sina.

LANDON, BENJAMIN, of David; m. Abigail.

> Abigail, b. Nov. 4, 1765.
> m. Jerusha Woodruff.
> Jesse, b. Nov. 30, 1767.
> Elizabeth, b. Nov. 6, 1769.
> Mary, b. July 27, 1771.
> Dorcas, b. April 25, 1774.

LANDON, THOMAS, of David; m. Experience Johnson, April 4, 1774.

> Thomas, b. March 10, 1775.
> Isaac, b. Aug. 4, 1776.
> Ethan, b. June 15, 1779.
> Edmund, b. April 3, 1781.
> Horace, b. Nov. 16, 1783.

LANDON, EBENEZER, of David; m. Permelee Clemons, Aug. 6, 1783.

> Noble, b. Nov. 22, 1783.
> Julius, b. Sept. 23, 1786.

9

Orrin, b. Oct. 8, 1790.
Clarissa, b. Sept. 12, 1793.
Jess, b. Oct. 22, 1795.
Jarvis, b. April 13, 1798.
Charlotte, b. July 31, 1800; d. Sept. 9, 1801.
William, b. Aug. 22, 1802.

LANDON, REMEMBRANCE, of Abner; m. Sally Ensign, March 26, 1789.

Clarissa, b. July 5, 1790.
Nancy, b. Oct. 26, 1792; d. Aug. 31, 1793.
Abner, b. Dec. 1, 1795.
Sherman, b. Oct. 10, 1798.
Norman, b. Oct. 15, 1800.
James, b. May 5, 1808.

+ LANDON, JOHN R., of Ambrose; b. Sept. 14, 1765, in Salisbury, Conn.; d. Feb. 27, 1851, at Castleton, Vt.; m. Anna Champion, Jan. 10, 1796; b. Sept. 17, 1763; she d. April 5, 1849.

Charlotte, b. June 16, 1798; m. Jas. K. Livingston.
Judah C., b. July 27, 1800.
Caroline, b. March 22, 1802.
Anna E., b. July 10, 1804; m. ———— Langdon.
Mary, b.   ; m. ———— Hallock.

LAW, BENEDICT A., from Milford, Conn.; m. Thankful Smith, April 6, 1797.

Smith, b. March 13, 1798.

LEE, THOMAS, from Lebanon, Conn.; m. Rachel Houlbud, Sept. 19, 1723.

Mabel, b. July 4, 1724.
Noah, b. May 10, 1726; first child christened in new meeting-house.
Mary, b. Nov. 18, 1727.
Thomas, Jr.

LEE, THOMAS, Jr., of Thomas; b.   ; d. June 10, 1755;
  m. Martha Dean, March 9, 1748/9.

    Elizabeth, b. Dec. 19, 1749.

    Martha, b. March 16, 1754.

    Elizabeth, wife of Thomas Lee, deceased the 17th day
    of April, 1774.

LEE, JAMES, b. March 30, 1773, of Sarah Case.

LEE, EDWARD, b.   ; d. Jan. 30, 1747/8.

LEACH, RICHARD, m. Amity.

    Abigail, b. Dec. 6, 1745.
    Joshua, b. April 11, 1748.
    Caleb, b. April 11, 1748.
    Tabitha, b. Nov. 20, 1750.

LEWIS, GERSHOM, from Guilford; a native of Cape Cod; d.
  Oct. 18, 1766, ae. 62; m. Mary.

    Nathaniel.
    Ozias.
    Elizabeth.
    Mary.
    Reuben, b. March 22, 1753.
    John, b.   ; d. Oct. 30, 1758, ae. 23.

LEWIS, OZIAS, of Gershom; m. Lucia Bigelow, Jan. 7, 1773.

    Lucy, b. Nov. 29, 1773; m. David Parmelee.
    Ozias, b. Dec. 16, 1774, Town record (Fam. Bible,
    1777).

LEWIS, OZIAS, Jr., of Ozias; m. Mary Jones, Jan. 19, 1801.

    Elizabeth, b. Nov. 1, 1801.
    Charles S., b. Dec. 2, 1802.
    William H., b. Dec. 22, 1803.
    Lucy B., b. Dec. 18, 1804.
    Harriet J., b. March 18, 1806.

Algernon S., b. Dec. 10, 1807.

Mary, b. May 1, 1809.

Amelia, b. Sept. 25, 1810.

Ozias, b. Feb. 6, 1812.

Jannet L., b. April 6, 1813; d. Oct. 22, 1819.

John, b. Nov. 4, 1815.

Julia, b. Jan. 19, 1817; d. Nov. 16, 1819.

Jennet, b. Dec. 25, 1820.

LEWIS,REUBEN, of Gershom; m. Patience Bidwell, Nov. 25, 1773.

> Truman, b. March 24, 1774.
>
> Lydia, b. Oct. 30, 1776.

LEWIS, EDWARD, from Guilford; m. Rebecca.

> James, b. Dec. 10, 1746.
>
> Edward, Jr.

LEWIS, NATHANIEL, m. Esther Tuttle, Jan. 16, 1767.

> Elizabeth, b. Nov. 20, 1767.

LEWIS, WILLIAM, m. Bathsheba Palmer, Dec. , 1773.

> Nancy, b. Jan. 27, 1777.
>
> William, b. Sept. 15, 1779.
>
> Ambrose, b. Feb. 15, 1783.

LEWIS, DANIEL W., State's Attorney; removed to Geneva, N. Y.; m. Elizabeth Collins, July 25, 1791.

> Dudley S., b. Aug. 14, 1792.

LEWIS, LUKE, from Farmington, Conn.; m. Mary H. Root, Dec. 27, 1795; she d. Dec. 3, 1856, ae. 84.

> Mary A., b. Feb. 1, 1797.
>
> Amelia C., b. Oct. 27, 1799.
>
> Louisa, b. Nov. 7, 1802; m. Henry Phelps; d. Nov. 22, 1889.
>
> Jane R., b. Jan. 14, 1806.

LINSLEY, ABIEL, from Woodbury, Conn.; m.

    Abiel, Jr.

    Solomon.

    Joseph.

LINSLEY, ABIEL, Jr., of Abiel; m. Thankful.

    Joel, b. Feb. 7, 1756.

    Abiel, b. Dec. 26, 1757.

LINSLEY, SOLOMON, of Abiel; m. Mindwell.

    Solomon, b. July 21, 1759.

    Simeon, b. Sept. 21, 1761.

    Daniel, b. May 15, 1764.

    Oliver, b. July 20, 1766.

    Eunice, b. June 4, 1769.

    David, b. Nov. 11, 1772.

LINSLEY, JOSEPH, of Abiel; b.   ; d. June 29, 1821, ae.
86; m. Lydia Farnam, April 17, 1758; she d. 1799.

    Timothy, b. Nov. 6, 1759,

    John, b. Oct. 4, 1761.

    Lydia, b. Feb. 14, 1764.

    Electa, b. Jan. 1, 1766.

    Rhoda, b. Aug. 7, 1769.

LINSLEY, EDWARD, b.   ; d. March 6, 1804, ae. 60; m.
Lydia Page, Sept. 27, 1771; m. Tryphena Page, April
12, 1778; she d. 1813, ae. 70.

LINSLEY, JOHN, Jr., from Branford, Conn.

LITTLE, THOMAS (Doct.), from Taunton, Mass.; m. Zerviah
Cogswell, June 9, 1752.

    Nathaniel, b. June 10, 1753.

    Thomas, b. Aug. 11, 1754.

    Tamar, b. July 16, 1756; m. Asa Bull.

    James, b. Aug. 16, 1758.

William, b. Oct. 27, 1760.
Samuel, b. Jan. 5, 1763.
Sally.
Rebecca.
David.

LITTLE, DAVID, of Thomas; m. Susan Marsh, daughter of
Roger Marsh.

Earl W., b.   ; d. Dec. 6, 1882, ae. 78.

|| † LORD, LYNDE, from Lyme, Conn.; d. 1801, ae. 68; m.
Lois Sheldon, July 7, 1757.

Lynde, Jr., b. Oct. 21, 1761; d. 1813.
Rufus, b.   , 1758; d. 1765.

LORD, LYNDE, Jr., of Lynde; m. Mary Lyman, Jan. 30, 1786.

Mary S., b. Jan. 31, 1787; m. John Pierpont.
Joseph L., b. Sept. 2, 1788.
Joseph L., b. Aug. 25, 1790.
Erastus A., b. Oct. 16, 1792.
Wm. Rufus, b. Aug. 14, 1794.
Henry E., b. Feb. 13, 1797.
Francis M., b. Nov. 7, 1798.
George, b. Oct. 29, 1800.
Abigail L., b. Aug. 6, 1804.

LORD, DANIEL, from Waterbury, Conn.; m. Hannah Humas-
ton, Dec. 25, 1766; she d. Dec. 16, 1786, 42 years.

Elizabeth, b. April 24, 1768. (Second record, April 4.)
Huldah, b. May 27, 1770; d. Dec. 14, 1786.
Patty, b. Feb. 21, 1774. (Second record, " 1773;" d.
Nov.   , 1778.)
Phineas, b. Feb. 10, 1777.
Patty, b. Sept. 2, 1782; m. Jesse Stevens, father of
Thos. B.
Hannah, b. Dec. 14, 1786; m. Willis Pond.
m. Abigail Dickinson, Jan. 10, 1788.
Huldah, b.   , 1789; d. aged 4 months.

‖ LORD, PHINEAS, of Daniel; m. Polly Candee, Dec. 25,
  1797; b. July 26, 1778; she d. Feb. 20, 1877.

> Daniel, b. Aug. 6, 1798; d. Nov. 21, 1798.
> Daniel, b. Jan. 9, 1800.
> Emily, b. Feb. 1, 1802.
> David C., b. Dec. 28, 1803.
> Belinda, b. Dec. 27, 1807; d. May 21, 1808.
> Belinda, b. July 1, 1809.
> Mary, b. Jan. 29, 1812.
> Julia, b. April 10, 1814.
> Esther M., b. Nov. 25, 1816.
> Harriet.

LYNUS, NATHANIEL, m. Anna.

> Nathaniel, b. Jan. 1, 1740/1; d. Jan. 20, 1740/1.
> Freelove, b. May 23, 1742.
> Eunice, b. Aug. 11, 1744.

LYON, MATTHEW (Colonel). He was a native of Ireland
  and was one of those called " Redemptioners." He was
  assigned to Hugh Hannah of Litchfield for a pair of
  stags, valued at twelve pounds, and remained in Litch-
  field ten years. He then removed to Vermont, where
  he was elected a member of Congress. He subsequently
  removed to Kentucky and was a member of Congress
  from that State. He died Aug. 1, 1822.

LYMAN, JOHN, b.   ; d. Feb. 1777, in prison in New
  York; m.

> David.
> Josiah.
> Francis.
> Ruth.
> Martha.
> Sarah.
> Elizabeth.

LYMAN, DAVID, of John; m. Mary.

    Mary, b.   ; d. March 21, 1776.

LYMAN, ELIJAH, m. Lorinda Smith, Nov. 18, 1798.

LUDDINGTON, NATHANIEL, m. Eunice.

    Nathaniel.
    Lucy.
    Eunice.
    Stephen.

McCALL, ARCHELUS, m. Deborah Marsh, daughter of Eben-
ezer Marsh, Sr.

    Deborah, b.   ; m. Levi Coe.

McKNIGHT, ALLAN, m. Margory Leach, Feb. 11, 1768.

    Archibald, b. Jan. 14, 1769.
    Mary, b. Jan. 10, 1770.

McNEIL, ARCHIBALD, ALEXANDER, and ADAM, three
brothers from Ireland.

McNEIL, ARCHIBALD, from Branford; Capt. in French War;
m. Sarah Johnson of Antrim, Ireland, "A noble family."

    Archibald, Jr., b. July 17, 1738.
    John, b. Feb. 14, 1741; removed to Vermont.
    Isaac, b. May 16, 1748.
    Charles, b. June 30, 1751; removed to Vermont.

McNEIL, ARCHIBALD, Jr., of Archibald; m. Jemima Orton,
Dec. 21, 1764.

    Sarah, b. Nov. 16, 1765; m. James Marsh, 2d.
    Abigail, b. Feb. 22, 1768; m. ———— Parsons.
    Mary, b. Aug. 27, 1770; m. Eaton Jones, Jr.
    John, b. Sept. 26, 1773 (Sept. 27); d. Feb. 26, 1854.
    Anne, b. Jan. 27, 1776; m. Moses Wheeler.
    Olive, b. Feb. 10, 1779; m. Roswell McNeil.

McNEIL, CHARLES, of Archibald; removed to Charlotte, Vt.;
    m. Thankful Wooster, Feb. 3, 1773.

    David, b. Jan. 3, 1774.
    Rachel, b. April 25, 1776.
    Benjamin, b. Dec. 19, 1779.
    Anne, b. July 21, 1781.

McNEIL, ISAAC, of Archibald; m. Lois Baldwin, Jan. 24, 1771.

    Isaac, b. Jan. 14, 1772.
    Charles, b. Feb. 16, 1774; removed to Whiteston.
    Lois, b. July 29, 1776; d. same day.
    Samuel, b. Aug. 21, 1777; d. Sept. 30, 1777.
    Lois, b. Dec. 5, 1779; m. Miles Norton.
    Samuel, b. Jan. 31, 1782; father of Fred D.; m.
        ————— Judson.
    David, b. Feb. 21, 1788.
    Hannah, b. July 8, 1785; m. Charles Grant.

McNEIL, ALEXANDER, m. Deborah Phelps, Oct. 28, 1747.

    Roswell, b. Sept. 21, 1748; m. Elizabeth Marsh.
    Rhoda, b. Nov. 27, 1750; m. John Marsh, 3d.
    Rachel, b. April 15, 1753; m. David Buell. She d.
        Troy, Oct. 30, 1826.
    Alexander, b.   ; d. in Revolutionary War.

McNEIL, ROSWELL, of Alexander; m. Elizabeth Marsh, Sept.
    13, 1769.

    Alexander, b. Aug. 29, 1770.
    Elizabeth, b. Dec. 2, 1773.
    Roswell, b.   ; m. Olive McNeil.
    Isaac, b.   ; father of Edwin McNeil; m. Mabel
        Clark.
    Truman.

McNEIL, JOHN, of Archibald, Jr.; d. Feb. 26, 1854; m. Polly
    Catlin,   , daughter of Abel Catlin.
        Rachel.

Mary.
Eliza.
Belinda, b.   ; m. H. Bissell.
Emily.
Archibald.
Abigail.
John.
Charles.

McNEIL, SAMUEL, b. Oct. 15, 1748; d. April 11, 1820; m.
    Sina Stone, Jan. 4, 1776; b. Aug. 14, 1755; she d. July
    17, 1820.

    John, b. March 24, 1777; d. March 16, 1778.
    Sally, b. Dec. 30, 1778; d. Aug. 31, 1779.
    Nabby, b. Feb. 8, 1781; m. Jonathan Carrington.
    John, b. Sept. 24, 1782; m. Betsey Kilborn.
    Polly, b. May 11, 1784; m. C. G. Bennet.
    James, b. May 15, 1786.
    Orella, b. Feb. 11, 1788; m. Joseph Y. Dayton.
    Elias, b. May 15, 1791; m. Catharine Sanford.
    Truman, b. Aug. 27, 1793.
    Samuel, b. April 2, 1797.

McNEIL, JOHN, m. Betsey Kilborn.

    Chas. Kilborn, b. July 4, 1807.

MANSFIELD, JOSEPH, from New Haven, Conn; d. June 6,
    1821, ae. 84; m.

    John T.
    Elisha.
    Joseph, Jr.
    William.
    Timothy.
    Sally.

MANSFIELD, JOHN T., m. Dolly Steele.

    Elizabeth, b. June 27, 1799; m. Anson Hubbard.

Anna T., b. Aug. 12, 1802.

Susan, b. Sept. 22, 1805.

Joseph P., b. Feb. 26, 1808.

Lemuel S., b. May 8, 1810.

Harriet S., b. Aug. 27, 1812.

Mary, b. April 19, 1814.

Sally M., b. Aug. 7, 1816.

John T., b. April 22, 1818.

Daniel P., b. June 7, 1820.

Hannah, b. Dec. 8, 1824.

— MARSH, JOHN, from Hartford; after some years he returned to Hartford; m.

> Ebenezer, b. Nov.   , 1701; Colonel, Judge, etc.
> Elizabeth, b. Nov.   , 1703; m. John Bird.
> William, b. June   , 1706.
> George, b. Feb.   , 1708.
> Isaac, b. Nov.   , 1710.
> John, Jr., b. Oct.   , 1712.
> Timothy, b. Oct.   , 1714.
> Hezekiah, b. Aug.   , 1720.

‡ § ‖ MARSH, EBENEZER, Colonel, of John; d. April   , 1773; m. Deborah Buel, Nov.   , 1725; she d. July   , 1784, ae. 77.

> Deborah, b. Nov. 9, 1726; m. Archelus McCall.
> Elizabeth, b. Feb. 10, 1729; m. Nathaniel Goodwin.
> Lois, b. March 3, 1731; m. Mark Prindle. He d. May 28, 1804.
> Hannah, b. March 24, 1733; m. Edward Phelps and Mark Prindle.
> Solomon, b. Feb. 10, 1735/6.
> Ebenezer, b. March 4, 1737; d. May 12, 1737.
> Anna, b. May 25, 1738; m. John Marsh (cousin).
> Ebenezer, b. Oct. 7, 1740; m. Lucy Phelps and Rhoda Marsh.
> Ozias, b. April 5, 1743; d. 1760.

Hepsibah, b. Aug. 29, 1745; m. Doct. Samuel Catlin.

John, 3d, b. Jan. 24, 1749.

Molly, b. Nov. 24, 1752; m. Moses Seymour.

MARSH, WILLIAM, of John; m. Susannah Webster, Nov. 9, 1733.

Ann, b. June 23, 1735; m. Abner Baldwin.
Susannah, b. Jan. 16, 1736/7.
Irene, b. Oct. 4, 1738; m. David Welch.
William, Jr., b. Sept. 14, 1740; m. Esther Roe.   No issue.

MARSH, GEORGE, of John; m. Lydia Bird, June 16, 1731.

Ambrose, b. Feb. 27, 1731/2.
Roger, b. Oct. 31, 1733.
A daughter, b. Aug. 4, 1735.
George, b. Sept. 25, 1736; m. Catharine Kilborn.
Elijah.
Ambrose.
Titus.
Lydia, b.   ; m. Joshua Garritt, Jr.
Sabra,   ; m. Albert Camp.

MARSH, ISAAC, of John; m. Susannah (Pratt?), Dec. 23, 1735.

Isaac, Jr., b. Sept. 11, 1736.
Ruth, b. May 14, 1738; m. John Wadhams.
Elisha, b. Nov. 4, 1742.
Sussannah, b. Aug. 20, 1746; m. Geo. T. Skinner.
Elizabeth, b.   ; m. Roswell McNeill.
Sally,   ; m. David King.

|| MARSH, JOHN, Jr., of John (Capt.); d. Dec. 27, 1780; m. Sarah.

John, 2d, b. Oct. 17, 1733; d. Dec. 3, 1806.
Jerusha, b. Oct. 23, 1735; m. Solomon Marsh.
Elizabeth, b.   ; m. Bezaleel Beebe.
Rachel, b.   ; m. Rev. Geo. Beckwith.

Rhoda, b.   ; m. Ebenezer Marsh, Jr.
Mary, b.   ; m. Benjamin Stone, Jr.
Sarah (?), b.   ; m. Doct. Seth Bird.

|| MARSH, EBENEZER, Jr., of Ebenezer; d. Oct. 29, 1807; m. Lucy Phelps, April 15, 1763; she d. 1772.

Ebenezer, b. Jan. 17, 1764.
Samuel, b. June 17, 1765.
Ashbel, b. Nov. 12, 1767 (should be 1766).
Truman, b. Feb. 23, 1768; d. March 28, 1851.
Kate, b. March 11, 1770; d. Dec. 10, 1770.
m. Rhoda Marsh.
Katy, b. July 18, 1778; m. John Bissell.
Lucy, b. Aug. 21, 1781; m. James Bloodgood.
m. Hannah Peck (widow).

|| MARSH, SOLOMON, of Ebenezer; d. May 30, 1804; m. Jerusha Marsh, daughter of John Marsh, Jr.

Deborah, b.   ; m. Jabez McCall, Geo. D. Kasson, and Abner Everitt.
Lydia, b.   m. Salmon Buell, Jr.
Jerusha, b.   m. Salmon Buell, Jr.
m. Elizabeth Webster,   ; d. June 29, 1835.
James, 2d, Col.
Solomon, b. Sept. 1, 1777.
|| David, b. Jan. 10, 1784; d. Dec. 28, 1869.
Betsey.
Olive, b.   ; m. Levi Coe.
Huldah, b.   ; m. Joshua Garritt, 3d.

MARSH, JOHN (3d), of Ebenezer; d. Jan. 23, 1781; m. Rhoda McNeil, Sept. 14, 1769.

Rachel, b. Dec. 17, 1770; m. Horace Baldwin.
Charles, b. Dec. 23, 1771; drowned in East Mill Pond.
Deborah, b. July 18, 1773; m. Joseph Adams; d. July 27, 1857.

Molly, b. Nov. 13, 1774; m. Isaac Tyler.
Rhoda, b. June 24, 1777; m. Timothy Barber.
Anna, b. April 14, 1779; m. Andrew Roland.
John, b. Aug. 4, 1781; d. unmarried, Dec. 15, 1847.

MARSH, ROGER, of George; m. Lucy Kilborn.

Honor, b. Aug. 12, 1760; m. Solomon Gibbs.
James, b. Sept. 22, 1762.
Roger, b. Dec. 9, 1765.
Lucy, b. April 10, 1768.
Appleton, b. May 22, 1770.
Horace.
Abel.
Susan.
Aaron.
Moses.

MARSH, ELIJAH, of George; m.

Anna, b.   ; m. Asahel Park.
Nabby, b.   ; m. ———— Smith and ————
   Pierpont.
Rhoda.

MARSH, AMBROSE, of George; m.

Titus.
Thomas.
Lydia, b. March   , 1761; m. Joseph Curtiss.
Nathaniel.
David.
Ambrose.

MARSH, ISAAC, Jr., of Isaac; m. Martha Lyman, Nov. 24, 1776.

Isaac, b. Feb. 18, 1777.

MARSH, ELISHA, of Isaac; m. Honor Beckley.

Honor, b. July 23, 1766; m. Obed Buell.

Abigail, b. Nov. 15, 1769; m. Eliada Osborn.
Elisha, b. Aug. 27, 1772; m. Rhoda Kilborn.
Polly, b.   ; m. Isaac Marsh, M.D.

MARSH, JOHN, 2d, of John, Jr.; d. Dec. 3, 1806; m. Anna
Marsh.

Ozias, b.   , 1764; m. Dorcas Goodwin; d. April
5, 1815.
Sarah, b. Jan. 8, 1766; m. ——— Sanford.
Anna (Anne), b. March 25, 1768.
John, b. June 17, 1770; d. April 19, 1790.
Horace, b. July 10, 1772; m. Electa Beebe of Canaan,
Sept. 28, 1801.
Daniel, b. May 5, 1774.

MARSH, TIMOTHY, Jr., of Timothy; m. Sarah.

Sarah, b.   , 1774.
Timothy, b.   , 1776.

MARSH, EBENEZER, of Ebenezer, Jr.; m. Elizabeth Osborn.

Harry.
Samuel.

MARSH, ASHBEL, of Ebenezer, Jr.; m. Rachel Shether.

Ormand.
Sally, b.   ; m. Thomas Trowbridge, Jr.
Polly, b.   ; m. John Dewey.

MARSH, TRUMAN (Rev.), of Ebenezer, Jr.; d. March 28, 1851;
m. Clarissa Seymour, Oct. 22, 1791.

Moses S., b. Dec. 30, 1792.
Maria, b. Jan. 14, 1797; m. Geo. B. Webster.
Truman, b. July 3, 1799; d. March 9, 1800.
Clarissa, b. April 29, 1802.
Delia, b. Dec. 23, 1804; d. July 30, 1807.
Catharine, b. March 20, 1807.
Delia, b. Sept. 12, 1809.

MARSH, CHARLES, of John 3d; m. Charlotte Roberts, June
16, 1793; she d. at Goshen, Conn., Aug. 14, 1857.

> Caroline, b. May 12, 1794; m. Myron Norton of
> Goshen.
> Horatio, b. May 3, 1796.
> Charles, b. March 5, 1799.

MARSH, JAMES, of Roger; m. Ursula Hayden, Dec.   , 1790.

> Laura, b. July 10, 1792; m. Amos Osborn.
> George, b. Sept. 8, 1794.
> Lucy, b. Jan. 9, 1801.

MARSH, TITUS, of Ambrose; m. Eunice Barber.

> Marora.
> Daniel.
> Lines.
> Luman.
> Canfield.
> Harman.
> Bird.

MARSH, THOMAS, of Ambrose; m. Olive Barber.

> Milly.
> Edward.
> Hiram.
> Sally.
> Horatio.

MARSH, NATHANIEL, of Ambrose; m. Hannah Blakeslee.

> Clara.
> Dennis.
> Levi.
> Riley.
> Miles.

MARSH, DAVID, of Ambrose; m. Roxana Morse.

> Sheldon.

Harry.

Nisolla.

MARSH, AMBROSE, of Ambrose; m. Huldah Wilson.

Huldah.

MARSH, LEVI, of Nathaniel; m. Martha Boardman.

Adaline, b.	; m. Noah A. Norton.
Clarissa, b.	; m. Edward Thomas.
Riley.	

MARSH, ELISHA, of Elisha; m. Rhoda Kilborn.

Lewis.

Myron.

Sally.

Mary.

Rhoda, b.   ; d. Feb. 12, 1882, ae. 75.

MARSH, ISAAC, m. Polly Marsh, Oct. 2, 1803.

Isaac, b. Dec. 15, 1803.

MARSH, JAMES, 2d, of Solomon; m. Sarah McNeil, May 10, 1785.

Elizabeth, b. March 10, 1786.

Jared, b. June 10, 1788.

Orson, b. Nov. 23, 1790.

Arche, b. May 23, 1794.

Tracy, b. Oct. 27, 1796.

Huldah, b. July 27, 1799.

Sarah, b. Jan. 1, 1803; m. Elihu Webster.

Kirby, b. Feb. 17, 1808.

MARSH, DANIEL, of John, 2d; m. Asenath Woodruff, Dec. 23, 1798.

John P., b. July 14, 1800.

Caroline, b. Feb. 12, 1802; m. Samuel Waugh, Jr., Jan. 28, 1829.

Benjamin, b. Sept. 21, 1803.
Anna M., b. Sept. 21, 1805.
Andrew W., b. Oct. 17, 1808.
Maranda, b. Feb. 9, 1810.
James M., b. April 5, 1811.
Almira, b. Aug. 8, 1812.
Catharine, b. Jan. 15, 1814.
Susan, b. March 7, 1816.
Mary Ann, b. March 7, 1818.
Rachel, b. Nov. 27, 1821.

MARSHALL, GAD, m. Mary.

Desdemona, b. July 16, 1763.
Almeron, b. May 1, 1765.

MARVIN, REYNOLD, King's Attorney; d. July 30, 1802, ae.
78; m. Ruth Welch, Feb. 23, 1763; she d. May 12, 1793,
ae. 53.

Ruth, b. Dec. 20, 1763; m. Ephraim Kirby, March 17,
1784.

MASON, JOSEPH, from Hartford; m. Mary ————; she d.
Feb. 10, 1787, ae. 94 years, 4 months, 10 days.

Mary, b. Aug. 30, 1715.
John, b. Aug. 6, 1717.
Hannah, b. Jan. 6, 1719/20.
Abigail, b. March 19, 1723.
Joseph, Jr., b. Nov. 17, 1725.
Lydia, b. April 13, 1728.
Ruth, b. June 22, 1730; m. Samuel Orton, Jr.
Jonathan, b. March 24, 1733.
Joshua, b. July 19, 1736.

MASON, JOHN, of Joseph; d. Jan. 26, 1753; m. Lydia Cook,
Jan. 20, 1743/4; she d. March 4, 1753.

Jemima, b. May 28, 1744.
Hannah, b. Feb. 12, 1745/6.

John, b. Sept. 10, 1747.
Lucina, b. Oct. 18, 1749.
Lydia.
Abigail, b. Jan. 21, 1753; m. William Baldwin.

MASON, JOSEPH, Jr., of Joseph; m. Patience Rossiter, Nov.
16, 1749; she d. Nov. 17, 1750, ae. 24.
> Prudence, b. Nov. 13, 1750.
> Patience, b. Nov. 13, 1750.
> m. Rebecca Skinner, June 4, 1754.
> Joseph, b. April 24, 1755.
> Ashbel, b. April 27, 1757.
> Elisha, b. April 4, 1759; d. June 1, 1858.
> Stephen, b. Aug. 10, 1761.
> George, b. Feb. 5, 1763.

MASON, JONATHAN, of Joseph; m. Susannah Rossiter.
> Jonathan, Jr., b. Aug. 4, 1764.
> Thomas.
> Mary.
> Rufus.
> Harman (Heman).
> Chauncey.
> Charles.
> Luther.
> Susannah.
> Rachel, b.   ; m. Charles Baldwin.
> Rhoda.

MASON, JOSHUA, of Joseph; d. Nov. 17, 1813, ae. 77; m. Anne
Webster, June 1, 1763.

MASON, JOHN, Jr., of John; m.
> **Abner.**

MASON, ELISHA, of Joseph, Jr.; d. June 1, 1858; m. Lucretia
Webster, Jan. 8, 1785.
> Cynthia, b. July 24, 1785. (Second record, 1786.) d.
> Jan. 12, 1871.

Stephen, b. April 11, 1787; d. May 17, 1787.
Stephen, b. May 31, 1788.
Elisha, b.   ; d. April 7, 1790.
Lucretia, b. Nov. 1, 1790.
Caroline, b. Dec. 22, 1792.
Elisha, b. June 5, 1795; d. 1817.
Elijah, b. June 7, 1797; d. April 14, 1799.
Elijah, b. May 25, 1799; d. July 3, 1857, at Kalamazoo,
    Mich.
Joseph W., b. May 6, 1801.
Edwin, b. Aug. 17, 1803.
Benjamin W., b. May 22, 1805.
Joshua, b. Feb. 18, 1807.

MASON, JONATHAN, Jr., of Jonathan; m. Sally Orton, Feb.
    4, 1790.

Almira, b. Aug. 3, 1791.
Sally, b. Nov. 28, 1792; d. 1794.
Sally, b. June 14, 1795.
Everitt, b. Sept. 6, 1797; d. Feb. 3, 1801.
Eliott, b. Nov. 28, 1799.
Mary, b. Feb. 28, 1802.
Julia, b. March 14, 1804.
Charles, b. May 9, 1806.

MATHER, TIMOTHY, of Samuel, from Windsor; m. Sarah.

Sarah, b. Nov. 24, 1737; mother of Rev. Tim. M.
    Cooley.

MATTOCKS, JAMES, m. Sarah.

Lucy, b. Jan. 30, 1762.
Anne, b. Dec. 5, 1763; m. Elnathan Holley.
Sarah, b. June 29, 1765; m. Andrew Palmer: d. Dec.
    2, 1852.
Edna, b. Sept. 16, 1767.
James.
John.
Ichabod.

MATTOON, SAMUEL, m. Martha.

> Asenath, b. May 25, 1782.
> Patty, b. Oct. 1, 1783; d. Dec. 18, 1783.

MAZUZEN, MARK, m. Anna Palmer, April 6, 1769.

> John, b. Dec. 1, 1771.
> Mark W.
> Ursula.

MERRIMAN, JOSEPH, b.   ; drowned Oct. 21, 1775; m.
> Rachel Culver.

> Joseph, Jr., b. Nov. 3, 1772; d. Nov. 15, 1829.
> Silas, b. Sept. 18, 1774.

MERRIMAN, JOSEPH, Jr., of Joseph; d. Nov. 15, 1829; m.
> Betsey Swift, May 8, 1796.

> Eliza, b. May 26, 1797.
> George, b. Sept. 24, 1799; m. Mary Cable.
> Julia, b. Aug. 27, 1801.
> Electa, b. June 25, 1803.
> Mary, b. May 8, 1805.
> Emily, b. June 7, 1807.
> Joseph, b. April 8, 1810.
> James, b. April 12, 1815.
> Julius, b.   ; d. Nov. 3, 1816.

MERRIMAN, SILAS, of Joseph; m. Sarah Moss.

> Harlow, b. May, 1798.
> John A., b.   , 1801; m. Esther Cable.
> Lucy, b.   ; m. Horace Baldwin.

MILLER, ICHABOD, m. Sarah.

> Grant, b. May 15, 1769.

MINER, PHINEAS (Hon.), d. Sept. 15, 1839, ae. 62; m. Zervia
> ———; she d. April 24, 1811, ae. 32.

> Henry B.
> Zerviah, b.   ; d. Feb. 3, 1839, in 28th year.

MINER, GARRY H. (Doct.), d. Dec. 9, 1882, ae. 80.

MITCHELL, NATHAN, from Stratford, Conn.; m. Hannah
Healey, Aug. 30, 1738, from Killingworth, Conn.

Nathan, b. Aug. 9, 1739.

MOODY, ADONIJAH, from Hartford; m. Sarah Smith, Nov.
9, 1742.

Ebenezer, b. Jan. 9, 1743/4.

MOORE, SAMUEL, from Southhold, L. I.; removed to Salis-
bury; m. Rachel Landon, Oct. 9, 1735.

Samuel, b. Oct. 27, 1736.
John, b. May 7, 1739.
Rachel, b. Dec. 28, 1741.

MOORE, JOSHUA, m. Phebe Hartshorn, Aug. 28, 1791.

Lemuel, b. June 8, 1792.
Anna, b. Sept. 18, 1794.
Matilda, b. July 25, 1796.
Alithea, b. May 1, 1798.
Daniel H., b. March 26, 1807.
Caleb, b. Aug. 6, 1809.

MOORE, DAVID, from Norwich; m. Polly Collier, May 6, 1784.

Richard, b. Dec. 20, 1784, at Norwich.
Benjamin, b. Dec. 28, 1786, at Norwich.
Polly, b. Dec. 31, 1788.
Joseph, b. May 10, 1791.
Delight, b. Aug. 12, 1793.
David, b. July 27, 1795.
Thomas C., b. Sept. 14, 1797; m. Weltha Griswold.
Harriot, b. Nov. 10, 1799; m. Horace Johnson.
Elizabeth C., b. Oct. 23, 1801; m. ———— Doolittle.
Fanny, b. May 7, 1805.

MORRIS, JAMES, from East Haven; d. June 6, 1789, ae. 66;

m. Phebe Barns (widow), April 8, 1751; she d. April 15, 1793, ae. 80.

James, Jr., b. Jan. 8, 1752.

Lucy, b. Aug. 14, 1754; m. James Woodruff.

|| MORRIS, JAMES, Jr., of James; d. April 20, 1820, ae. 68; m. Elizabeth Hubbard, b. Dec. 20, 1781; she d. Sept. 9, 1814, in her 64th year.

    Abigail, b. Aug. 2, 1783; m. Rev. J. M. Whiton.
    James E., b. Dec. 4, 1784.
    Reuben S., b. May 23, 1786; m. Sarah Goodwin.
    Samuel H., b. Feb. 6, 1788; d. Dec. 22, 1798.
    Robert H., b. July 20, 1789.
    Isaac (adopted).
    m. Rhoda Farnam, March 6, 1815.
    Jane E., b. Jan. 30, 1816.
    Timothy Dwight, b. Nov. 22, 1817.

MORRIS, RICHARD (a foreigner); d. Aug. 19, 1806.

MORSE, DAVID, m. Eunice Hall, Sept. 17, 1767.

    Ephraim Hall, b. Sept. 13, 1778.
    Miles, b. May 7, 1782.
    Caleb, b. Sept. 4, 1783.
    Keturah, b. Feb. 20, 1785.
    A daughter, b. Aug. 7, 1786; d. Oct. 7, 1792.
    Eunice, b. Oct. 10, 1791.

MOSS, AMASA, m. Eleanor Culver, Nov. 17, 1768.

MOSS, LEVI, of Wallingford, Conn.; had three sons who came to Litchfield, viz.: Amos, Levi, and John.

MOSS, AMOS, of Levi; m. Elizabeth Ives.

    Ives, b. March 9, 1767 (or 1769, as in second record).
    m. Esther Andrus.
    Philo, b. April 8, 1770; d. Dec. 9, 1841.

Amos, b. May 22, 1772; d. April 23, 1851.

Esther.

m. Rachel Culver, Dec. 13, 1777. (Was she widow of Merriman?)

Elizabeth, b. Aug. 3, 1778.

Rachel, b. Jan. 29, 1780.

Thankful, b. March 4, 1782.

Isaac, b. April 20, 1784; d. Sept. 6, 1838.

Abraham, b. April 25, 1786; m. Betsey Marsh.

Sabra, b. May 21, 1789.

Jacob, b. March 6, 1792; m. Lucretia Gilbert and Harriot Moss.

Aaron, b. Sept. 26, 1794; m. Rhoda Baldwin.

Moses, b. Sept. 3, 1796; m. Caroline Catlin; d. Feb. 25, 1836.

MOSS, LEVI, Jr., of Levi; m. Martha Sherman, Jan. 14, 1773.

John S., b. Feb. 10, 1774.

Levi, Jr., b. Sept. 19, 1775; d. Jan. 30, 1841.

Margory, b. May 19, 1778.

Orelia, b. Jan. 15, 1781.

Stephen, b. Nov. 26, 1782; m. Louisa Smith.

Martha, b. March 24, 1785.

Polly, b. Dec. 1, 1786.

Olive, b. Aug. 24, 1789.

Laura, b. Oct. 15, 1791; m. John Garnsey.

MOSS, JOHN, of Levi; m. Mehitabel Hall, May 14, 1773.

Sarah, b. Feb. 17, 1774; m. Silas Merriman.

Martha, b. July 5, 1776; d. Aug. 11, 1847.

Hannah, b. May   , 1779; d. Feb.   , 1783.

Lucy, b. Dec. 12, 1781.

John, b. March 27, 1784; m. Sarah Lee and Betsey Fenn.

Asahel H., b. April 7, 1786; m. Betsey Clark; no issue.

Mehitabel, b. Jan. 24, 1790.

Harley, b. Oct. 6, 1792; m. Susannah Hall and Harriet E. Ensign.

MOSS, IVES, of Amos; m. Elizabeth Lord, Dec. 20, 1787.

> Elizabeth, b. Dec. 23, 1788.
> Huldah, b. Aug. 1, 1790.
> Susannah, b. Aug.   , 1792.
> Betsey.
> Elizabeth.
> Phineas.
> Amos.
> Charlotte.
> Hannah.

MOSS, PHILO, of Amos; m. Rachel Webster, April 24, 1794.

> Anna, b. June 11, 1796; m. Philo Chase; she d. March 25, 1845.
> Esther, b. July 28, 1798.
> Philo, b. April 15, 1801.
> Harriet, b. July 1, 1803; m. Harley Moss of Wallingford.
> Rachel, b. Sept. 19, 1805.
> Sally, b. Dec. 21, 1807.
> Louisa, b. March 17, 1810; m. Orson H. Moss.

MOSS, LEVI, 3d, of Levi, Jr.; m. Thalia Sanford, Oct. 26, 1796.

> Barthena, b. Sept. 16, 1797; m. Harvey Perkins.
> Harriet, b. March 17, 1800; m. Jacob Moss; d. Feb. 28, 1882.
> Philena, b. Oct. 13, 1803.
> Orilla, b. Oct. 19, 1806.
> Thala, b. April 9, 1809; d. April 13, 1810.
> Thala Ann, b. June 19, 1811.
> Levi A., b. July 14, 1814; d. Oct. 22, 1821.
> Polly, b. Nov. 25, 1817.
> Levi, b. March 17, 1822.

MOULTHROP, WILLIAM, b.   ; d. Feb. 6, 1850; m. Mary Page, Nov. 27, 1793.

> Orin, b. Jan. 8, 1795.

Jacob, b. April 7, 1797; d. Sept. 4, 1800.
Thala, b. April 7, 1799; d. Sept. 3, 1800.
Thala, b. July 14, 1801.
Anna, b. Nov. 23, 1804.
Marian, b. Jan. 6, 1807.
Melinda, b. April 27, 1809.
William, b. Sept. 26, 1812.
Erastus P., b. Dec. 6, 1815; d. Feb. 22, 1899.
Harriet, b. May 30, 1818.

MOULTHROP, SOLOMON, m. Polly Stone, July 11, 1797.

Solomon, b. Nov. 6, 1801.
Jemima, b. June 22, 1804.
Truman, b. July 21, 1807.
Luman, b. Sept. 3, 1809.
Lyman, b. April 25, 1811.
Alvira, b. March 8, 1815.

MUNGER, DANIEL, m. Eunice.

Daniel, b. Aug. 12, 1765.
Rhoda, b. May 20, 1768.
Asahel, b. June 3, 1770.
Calvin, b. Nov. 12, 1776.

MUNGER, JOEL, m.   , Nov. 4, 1783.

William.
Lemmon, b. Nov. 22, 1786.
Betsey, b. April 1, 1789.
Polly, b. July 27, 1791.
Herman, b. July 22, 1792.
Amy, b. June 10, 1795.
Truman, b. Dec. 9, 1797.
William, b. July 30, 1802.
Cynthia, b. Aug. 27, 1803.
m. Hannah Ingraham, March 1, 1812.
William, b. Dec. 20, 1812.
Susan, b. May 7, 1815.
Cornelia, b. Feb. 8, 1819.

MUNGER, ELISHA S., m. Polly Kilborn, Oct. 29, 1783.

    Charlotte, b. June 25, 1784.
    Julius, b. July 12, 1785.
    Polly, b. May 26, 1787.
    Elisha, b. Oct. 26, 1790.
    Samuel.

MUNSON, WILLIAM, from Plymouth, Conn.; m. Olive Dayton, March 30, 1790.

    Garrit, b. July 27, 1791.
    William J., b. Jan. 10, 1793.
    Leavitt, b. April 4, 1795.
    Ransom, b. Jan. 9, 1797.
    Charles, b. Jan. 8, 1799.
    Olive, b. Feb. 21, 1801.
    Clarissa B., b. Feb. 18, 1803.
    Michael D., b. Feb. 15, 1805.
    George W., b. May 9, 1807.
    Lucius E., b. March 27, 1819. (So recorded. Lucius says 1809.)
    m. Elizabeth Ford, Sept. 6, 1835.

MURRAY, PHILEMON, from New Haven, Conn.; d. Jan. 25, 1791, ae. 44; m. Esther.

    Hezekiah.
    Lucy, b.   ; m. Clement Chase.

MURRAY, HEZEKIAH, of Philemon; m. Eunice Camp, May 29, 1796; she d. Oct. 19, 1813.

    Esther, b. May 8, 1797.
    Sarah H., b. March 9, 1799.
    Philemon, b. May 6, 1801.
    George M., b. May 17, 1803.
    Henry A., b. April 6, 1805.
    m. Huldah Hotchkiss,   , 1815.
    Lucy, b. Sept.   , 1816.

LIST OF NEGRO SERVANTS (slaves) IN LITCHFIELD.
See Act of October, 1788, on page 368 of Revision of
Statutes, 1784.

Jenny, of Barley, servant to Lynde Lord, Esq.; b.
Dec. 4, 1784.

Jep, of Phillis, servant to David Welch, Esq.; b. Feb.
6, 1786.

Frank, of Phillis, servant to David Welch, Esq.; b.
Feb. 2, 1785.

Lovise, a Mulatto, servant to David Welch, Esq.; b.
March 4, 1789.

Hosea, servant to David Welch, Esq.; b. June 29,
1796.

Jenny, servant to Capt. Calvin Comstock, b. June 4,
1784.

Peggy Zillah, servant to Hon. Oliver Wolcott; b. Oct.
7, 1786.

Chloe, servant to Hon. Oliver Wolcott; b. July 25,
1788.

Juba, servant to Hon. Oliver Wolcott; b. March 7,
1780.

Chloe, servant to Hon. Oliver Wolcott; b. Oct. 6,
1791.

Violet, of Congo, servant to Reynold Marvin, Esq.;
b. April 15, 1777.

Pero, of Congo, servant to Reynold Marvin, Esq.;
b. Nov. 20, 1782.

Lettice, of Congo, servant to Reynold Marvin, Esq.;
b. June 1, 1791.

Chloe, of Violet, servant to Ephraim Kirby, Esq.; b.
Sept. 23, 1796.

Laura, of Mille, servant to Ebenezer Bolles, b. April
12, 1797.

Prince, of Nancy, servant to Capt. Elijah Wadsworth;
b. Feb. 9, 1801.

Cato, servant to Capt. Solomon Buell; b. May 7, 1784.

Hebe Williams, servant to Frederick Wolcott, Esq.;
d. April 11, 1803.

Nim, servant to Col. Ebenezer Marsh; first colored
man in town; killed three deer at one shot.

Rose, servant to Capt. Solomon Buell.

Cash, servant to Col. Ebenezer Marsh.

Cesar, servant to John Collins.

Will, servant to Major Moses Seymour; governor of
blacks; died last day Feb., 1793, of consumption;
then free.

Charlotte, of Sall., servant to Seth Austin; b. Oct.,
1791, at Suffield.

Suma, Minnius, of Laban and Clara Suma; b. May
12, 1796.

Lucy, of Laban and Clara Suma; m. Tom Jackson.

Lepeon, Levi, of Pomp and Clara (Suma) Lepeon.

Isaacs, Henry, of ———— Isaacs and Clara (Suma,
Lepeon) Isaacs.

Jacklin, Harry, of John and Violet Jacklin; b. May
17, 1800.

NEWBRE, JOHN, of Middletown, Conn.; m. Prudence Stone,
May 10, 1750.

Elias, b. April 20, 1751.

Ama, b. Feb. 15, 1752/3.

Lydia, b. Nov. 30, 1755.

NEWTON, ISAAC, b. Dec. 14, 1801; d. Sept. 21, 1803.

NORTON, MILES, m. Lois McNeil, June 1, 1797.

Wm. David, b. Nov. 20, 1798.

Ebenezer M., b. Nov. 21, 1799.

NEVINS, SAMUEL, m. Elizabeth Seymour.

Ursula B., b. Jan. 5, 1797.

William S., b. Feb. 7, 1800.

Birdsey, b. Oct. 22, 1802.

James, b. April 14, 1805.

Elizabeth, b. March 8, 1808.

Anna, b. March 24, 1811.

Geo. Whitfield, b. Feb. 17, 1814.

OLCOTT, JAMES, m. Mary.

> James, b. July 25, 1780.
> Simeon, b. June 21, 1784.
> Joel White, b. Oct. 23, 1786.

OLDS, CALEB, m. Abigail.

> Aaron, b. May 28, 1751.

OLMSTED, BENJAMIN, m. Abigail.

> Anna.
> Benjamin.

OLMSTED, DAVID, taken prisoner at Fort Washington; died there or on return; m. Rachel Woodruff, Feb. 7, 1771.

ORTON, THOMAS, b. about 1613; m. Mary Pratt of Windsor in 1641.

> John, b.   ; baptised in 1648.
> Hannah.
> Mary.
> Sarah.
> Elizabeth.

ORTON, JOHN, of Thomas; m. Hannah; m. Mary Tudor.

> Thomas.
> John.
> Samuel, b.   ; removed to Woodbury in 1718 and to Litchfield 1720.
> Two daughters.

ORTON, SAMUEL, from Woodbury, in 1720; m. Abigail Smedley, Oct. 26, 1723; she d. March 25, 1779.

> Samuel, Jr., b. Oct. 18, 1724.
> Hezekiah, b. April 29, 1727.

Azariah, b. Aug. 18, 1729.
Gideon, b. Aug. 18, 1732.
Lemuel, b. March 24, 1735.
Infant, b. Sept. 28, 1736.
Jemima, b. Nov. 11, 1740; m. Capt. Archibald
    McNeil, Jr.
John, b. March 4, 1744; removed to Sharon, 1764.

ORTON, SAMUEL, Jr., of Samuel; b.   ; d. March 31,
    1810; m. Ruth Mason,   ; she d. Nov. 10, 1798,
    ae. 67.

    Levi, b. Nov. 6, 1750; d. May 1, 1776.
    Abigail, b. April 19, 1752; d. May 6, 1771.
    Gideon, b. Aug. 26, 1753; d. Sept. 9, 1753.
    Gideon, b. July 19, 1754.
    Huldah, b. April 9, 1758.
    Samuel, b. Dec. 27, 1759.
    Miranda, b. April 17, 1761.
    Esther, b. Aug. 22, 1762.
    John, b. March 24, 1764.
    Araunah, b. Dec. 17, 1765; d. June 21, 1766.
    Damaris, b. July 15, 1767.
    Araunah, b. June 24, 1769.
    Abigail, b. March 26, 1771.
    Miles, b. March 21, 1774.
    Olive, b. May 12, 1777; d. Sept. 14, 1778.
    m. Patty Bunce.
    Levi.

ORTON, HEZEKIAH, of Samuel; b.   ; d. March 27,
    1790; m. Ann Sedgwick, Sept. 2, 1745.

    Hezekiah, b. Dec. 2, 1745; d. May 25, 1770.
    Eliada, b. May 29, 1748.
    Sedgwick, b. Aug. 11, 1750.
    Anne, b. Dec. 1, 1752.
    Azeriah, b. Sept. 25, 1757.
    Eleanor, b. July 28, 1758.

Darius, b. May 18, 1760.
Rhoda, b. May 21, 1763.
Olive, b. May 17, 1765.

ORTON, LEMUEL, of Samuel; d. July 20, 1787; m. Mary McNeil.

Lemuel, b. March 5, 1761.
Mary, b. June 21, 1762.
James.
Sarah (Sally), b. Dec. 14, 1765; m. Jonathan Mason, Jr.
Gideon, b. Dec. 31, 1768; d. July 12, 1846, in Eden, N. Y.
John, b. Dec. 4, 1770.
William, b. June 22, 1772.
Anne, b. Jan. 20, 1776.
Ama or Ruana, b. March 22, 1779.
Marian, b. Jan. 2, 1784.

ORTON, JOHN, of Samuel, Jr.; m. Ruth.

Clarissa, b. Feb. 23, 1787.
Demas, b. June 25, 1788.
Betsey, b. Jan. 10, 1790.
Polly, b. March 12, 1791.
Abigail, b. April 21, 1794.
Aurora, b. June 22, 1796.
Horatio, b. Nov. 2, 1798.
Ruth, b. March 3, 1802.

ORTON, ARAUNAH, of Samuel, Jr.; m. Lois Gibbs, Sept. 1, 1793.

Irene G., b. Oct. 13, 1795.
Esther R., b. Dec. 6, 1796.
Rachel, b. Sept. 18, 1798.
Ruth M., b. Nov. 15, 1799.
Mary A., b. Feb. 25, 1801.
James M., b. Oct. 5, 1802.

Elizabeth M., b. Jan. 17, 1804.
Leman G., b. June 22, 1805.
Orin A., b. Nov. 25, 1806.
Lucy S., b. Oct. 22, 1808.
Phebe W., b. May 27, 1810.
Rhoda T., b. July , 1812.

ORTON, MILES, of Samuel Jr.; m. Lydia Gibbs, Jan. 22, 1795;
she d. Oct. 10, 1852.

Samuel G., b. June 6, 1797.
Miles M., b. June 4, 1799.
William H., b. March 20, 1801.
Ruth G., b. March 19, 1803.
Betsey M., b. April 13, 1805.
Naby M., b. July 1, 1807.
Edward S., b. Dec. 25, 1809.

ORTON, HEZEKIAH, Jr., of Hezekiah; d. May 25, 1770; m.
Phebe Johnson, July 25, 1767.

Solomon, b. June 5, 1768.
Hezekiah, b. June 5, 1768.
Phebe, b. Jan. 23, 1770.

ORTON, SEDGWICK, of Hezekiah; m. Sarah Tucker, May 6,
1778.

Heman, b.   ; m. Sally Hull, sister of Mrs. R.
Harrison.
Edmund.
Harman.
Olive.
Polly.
Daniel.

ORTON, AZARIAH, of Hezekiah; m. Sybil Cleveland, Feb. 3,
1780.

Dennis, b. Nov. 7, 1781.
Sherman, b. April 17, 1783.

11

Rhoda, b. April 17, 1786.

Olive, b. Nov. 10, 1788.

ORTON, ELIADA, of Hezekiah; m. Lucia Hungerford, Jan.
10, 1770.

    Lucia, b. June 29, 1772.

    Hosmer, b. Dec. 26, 1773.

    Eliada, b. Aug. 16, 1775.

    Zenas, b. Oct. 13, 1777.

    Leman, b. Sept. 10, 1779.

ORTON, HEZEKIAH, of Hezekiah, Jr.; m. Hannah.

    Sally, b. Nov. 21, 1790.

    Betsey, b. Aug. 11, 1792.

    Phebe, b. Aug. 16, 1800.

OSBORN, BENJAMIN, from East Hampton, L. I.; d. July 26,
1762, ae. 70; m. Elizabeth.

    Benjamin, Jr.

    Samuel.

    John, b.   ; m. Lois Peck.

    Bethiah, b.   ; m. Ebenezer Beebe.

    Sylvanus (Rev.), b.   ; resided in Kent, Conn.

OSBORN, BENJAMIN, Jr., of Benjamin; m. Elizabeth Web-
ster, Dec. 29, 1739.

    Jeremiah, b. April 23, 1741; m. Lois Vaill; she d.
        March 28, 1826.

    Isaac, b. July 22, 1744.

    Elizabeth, b. May 4, 1748.

    Benjamin, b. Nov. 5, 1751.

    Mary, b. Nov. 30, 1754; m. John Rolfe.

    m. Dorothy Birge, Sept. 27, 1758.

    Jacob, b. July 15, 1759; m. Anne Strong.

OSBORN, SAMUEL, of Benjamin; m. Hepsibah Peck, Nov.
8, 1739.

    Huldah.

Joseph.

Abijah.

OSBORN, JOHN, of Benjamin; m. Lois Peck, Dec. 18, 1751; she d. Nov. 28, 1819; ae. 87.

Heman, b. April 19, 1755; d. June 2, 1773.

Ethan, b. Aug. 21, 1758; m. Sally Riley.

John, b. Aug. 22, 1752; m. Olive Palmer.

Eliada, b. March 15, 1761; d. Dec. 26, 1847.

Rebecca, b. Oct. 11, 1763; m. Samuel Seymour.

Elizabeth, b. July 30, 1766; m. Ebnr. Marsh of Ebnr. Jr.

Lois, b. Aug. 24, 1769.

Anne, b. June 16, 1773; m. James Riley.

m. Lois.

Thalia, b. Oct. 18, 1776; m. Whitman Kilborn.

OSBORN, JOSEPH, of Samuel; m. Anne Wolf, Aug. 26, 1777.

OSBORN, JOHN, Jr., of John; m. Olive Palmer, Nov. 11, 1779.

Lois, b. Oct. 20, 1780; m. Norman Barber.

Jesse, b. Sept. 6, 1783.

Heman, b. June 12, 1786; d. Jan. 15, 1852.

Rachel, b. Feb. 26, 1790; m. David Marsh.

Sally, b. Sept. 11, 1793.

Anne, b. Nov. 4, 1795; m. Tim. Wadhams and Harvey Birge.

OSBORN, ELIADA, of John; m. Sally Peck, Nov. 28, 1788; she d. Aug. 28, 1792.

Almeda, b. Sept. 7, 1791; m. Asahel Beach.

m. Abigail Marsh, May 31, 1794/5.

Myron, b. Sept. 28, 1796; m. Emeline Goodwin.

John, b. Oct. 25, 1797; m. Nabby Goodwin.

Rebecca, b. April 28, 1801; d. April 24, 1899.

Elisha M., b. May 4, 1804.

Nathan L., b. July 27, 1807.

Eliada, b. Aug. 1, 1810,

OSBORN, ISAAC, of Benjamin, Jr.; d. March 25, 1826; m. Sub-
mit Palmer, Feb. 3, 1780; she d. Dec. 24, 1785.

> Isaac, b. June 29, 1781.
> Olive, b. Feb. 20, 1783.

OWEN, PHINEAS, m. Rachel Smith, March 24, 1784.

> Easton, b. July 5, 1785.
> Phineas, b. Feb. 20, 1787.
> Tubal, b. March 4, 1791.

PAGE, DAVID, m. Anna.

> David, b. July 8, 1777.

PALMER, CALEB, from Branford.

PALMER, ENOCH, from Branford; b.   ; d. at Winsted,
1795; m. Jemima Moore, July 10, 1746; she d. May 28,
1790.

> Benjamin, b. May 17, 1747.
> Jemima, b. June 5, 1750.
> Kezia, b. March 20, 1752.
> Elizabeth, b. Oct. 25, 1753.
> Mary, b. Dec. 13, 1755.
> Lazarus, b. Oct. 9, 1757.
> Reuben, b. Sept. 1, 1760.
> Solomon.
> m. Elizabeth Soper.

PALMER, JOB, from Branford, brother of Enoch; m. Rachel
Durham,   ; she d. Aug. 10, 1787.

> Anne, b. Sept. 28, 1736; m. Solomon Kilborn.
> Bathsheba, b. May 2, 1742; m. William Lewis.
> Ambrose, b. Dec. 8, 1744.
> Rachel, b. Aug. 5, 1747.
> Submit, b.   ; m. Isaac Osborn.
> Olive, b. June 13, 1755; m. John Osborn.
> m. Sarah Bissell, Nov. 13, 1788, widow of Isaac.

PALMER, SOLOMON (Rev.), b. 1709; from Branford; m.

> Ichabod.
> Solomon.
> Abigail.
> Anna, b.   , 1746; m. William Ward.
> Ama.
> Sarah.
> Benjamin, b. about 1755.
> Tamar.
> Sally, b.   ; m. James Birge.
> Chiliab, twin.
> Chillian, twin.

PALMER, AMBROSE, of Job; m. Cybil Long, Jan. 14, 1766; she d. Dec. 3, 1771.

> Horace L., b. Oct. 23, 1771.
> m. Susanna Clark, Sept. 15, 1774.
> Dennis C., b. March 16, 1775; m. Phebe Edwards.
> Warren, b. July 7, 1776; m. Eunice Spencer.
> Ambrose.
> Calvin.
> Job Dudley.
> Minerva.
> Susan.

PALMER, BENJAMIN, of Solomon; m. Lydia Kilborn, March 25, 1779; she d. March 9, 1780.

> A child.

PALMER, WARREN, of Ambrose; m. Eunice Spencer.

> Harriot, b. July 13, 1798.
> Charlotte, b. July 13, 1798.
> Six other daughters.
> Five sons, all born in Ohio.

PALMER (also written PALMES), ANDREW, m. Sarah Mattocks, July 24, 1783.

> Samuel, b. Dec. 21, 1783.

Mary M., b. Feb. 13, 1786.
Susanna, b. Oct. 8, 1788.
Sally, b. May 25, 1791.
Lucy, b. Jan. 26, 1794.
Theodosia, b. Dec. 5, 1796.
George, b. Nov. 25, 1799.
Eliza, b. Aug. 2, 1802.
Amelia, b. Feb. 1, 1805.
Susanna, b. July 21, 1808.
Samuel E., b. Nov. 17, 1811.

PALMER, SIMEON, from Taunton, Mass.; m. Mercy Liscome.

Nancy.
Avis.
John.
Simeon, b.   ; father of George, the mason.
Rebecca B.
Lemuel, b.   ; d. Dec. 25, 1847, ae. 66.
Sally.
Polly.
William.
Liscome, b. April 20, 1797.
Mercy.

PARDEE, ELI, m. Martha Marsh, April 24, 1781.

Mary, b. Feb. 2, 1782.
John, b. Dec. 20, 1783.
Stephen, b.   , 1887.
Samuel, b.   ; died.
m. Sarah Lyman, Feb. 24, 1791.
Martha, b. June 28, 1791.
Sarah, b. Sept. 22, 1792; d. Feb. 16, 1795.
Samuel, b. May 1, 1794; d. Aug. 4, 1796.
Clarissa, b. Oct. 11, 1795; d. Nov. 2, 1795.
Samuel Porter, b. Oct. 27, 1796, or March 10, 1797.
    (Two different records.)
Almoran, b. March 14, 1798.

Isaac L., b. Feb. 20, 1800.

George, b. April 4, 1802.

PARKER, ABNER, from Washington; d. April 21, 1851, ae. 86; m. Mary Sperry, Dec. 22, 1785.

Maryann, b. June 21, 1787.

Anson, b. May 31, 1789; d. Feb. 27, 1813.

Polly, b. July 28, 1792.

Horatio S., b. April 9, 1795; d. March 8, 1813.

Simeon B., b. March 9, 1798; d. Nov. 25, 1849.

Lucy B., b. Feb. 25, 1802.

Roswell H., b. Feb. 17, 1804.

Julia, b. April 4, 1806.

Rebecca, b. Jan. 5, 1814.

PARKER, JOSEPH (M.D.), from Washington; m. Lydia Harrison, Jan. 2, 1786; she d. Sept. 17, 1806.

Sarah, b. Sept. 27, 1786.

Nancy, b. July 6, 1788.

Amanda, b. Sept. 28, 1793.

Lydia, b. Dec. 28, 1795.

Frederick S., b. Oct. 24, 1798; d. Oct. 3, 1871, at New Haven, Conn.

m. Sarah Blackman, July 12, 1809.

Joseph, b. July 19, 1810.

Lamira, b. Aug. 29, 1814.

PARMELEE, JONATHAN, from Guilford; m. Sarah Taylor, Dec.   , 1728.

Sarah, b. April 22, 1730; d. May 8, 1730.

Brient, b. July 31, 1732.

Oliver, b. Oct.   , 1734.

Oct. 14, 1727, B. Hosford conveyed to Jonathan Parmelee of Guilford one home lot on the west side of Town Street in Litchfield, being the north lot of the two laid out to N. Smith of 13½ acres. Parmelee sold to Ebenezer Marsh, Jan. 1, 1733/4, and moved to Branford about 1738.

PARMELEE, DAVID, from Guilford; m. Patience.

> Amos, b. July 21, 1734.
> Ann, b. May 9, 1736.
> Mary, Sept. 9, 1738.
> Desire, b. Feb.   , 1740/1.
> David.
> Solomon.
> John, called " Copper John."

PARMELEE, THOMAS, from Guilford; m. Sarah.

> Thomas, b. July 31, 1742.
> John Gould, b. Feb. 3, 1743/4; d. Sept. 7, 1776.
> Deidamia, b. Feb. 16, 1745/6.
> Benjamin, b.   ; d. April 12, 1752.
> Elizabeth, b. Feb. 5, 1753.
> Reuben, b. March 1, 1755.
> Ruth, b. May 21, 1759.
> Anne, b. Jan. 20, 1763.
> Philothea, b. April 11, 1765.

PARMELEE, JEHIEL, m. Mary; she d. 1777.

> Mary.
> Joshua.
> Charles.
> Sarah.
> Jehiel, b.   ; d. 1779.
> Hannah.
> Ruth.
> Amos.
> Joel.
> Anne.

PARMELEE, AMOS, of David; m. Sarah Kilborn.

> John, b. May 15, 1757; d. in Revolutionary Army.
> Anne, b. July 13, 1759; m. Lewis Kilborn.
> Polly, b. Oct. 5, 1761; m. Thomas Stone.
> Amos, Jr., b. July 27, 1763.

Desire, b. Oct. 6, 1765; m. Partridge Parsons.
Heman, b. Sept. 12, 1769; d. young.
Samuel, b. Oct. 24, 1771.

PARMELEE, THOMAS, Jr., of Thomas; m. Elizabeth Roots, Sept. 15, 1762.

> Sheldon, b. March 16, 1770.
> Eunice, b. Dec. 30, 1763.
> Thomas T., b. April 6, 1767.

PARMELEE, JOHN G., of Thomas; d. Sept. 7, 1776; m. Ann Hurd, July 25, 1766.

> John Gould, b. Feb. 27, 1768; d. April 21, 1777.
> Lucy Ann, b. March 25, 1770.
> Esther, b. June 26, 1772.
> Dolly, b. July 24, 1774.

PARMELEE, LEVI, m. Sarah Swan, Feb. 18, 1775.

PARMELEE, JOHN, of David; m. Elizabeth Travis, Jan. 18, 1782.

> Solomon, b. March 30, 1783.
> Truman, b. Oct. 19, 1787.

PARMELEE, AMOS, Jr., of Amos; m. Elizabeth Groce, March 27, 1786; she d. April 10, 1813.

> Heman, b. Sept. 25, 1786.
> Polly, b. April 1, 1792; m. Luther Johnson.
> Howell, b. March 24, 1794.
> Lucy, b. Dec. 27, 1796; m. James Trowbridge.
> Lynd, b. April 12, 1799; m. Irene Tompkins.
> Abby, b. April 29, 1801.
> Asa, b. April 23, 1803.
> m. Betsey Carter, Sept. 12, 1814.
> Jennette, b. Sept. 20, 1816.

PARMELEE, DAVID, from Chatham, Conn.; d. 1816; m. Lucy Lewis, Jan. 22, 1795.

> David L., b. Nov. 11, 1795 (Rev.).

Julia, b. Dec. 23, 1797; m. Hosea Webster.

Thomas J., b. July 22, 1800.

Caroline, b. April 15, 1803.

Albert O., b. Dec. 19, 1806.

Celeste, b. March 18, 1809.

PARSONS, ELIPHAZ, from Middletown, Conn.; m. Abigail.

Partridge, b. Aug. 22, 1763.

Eliphaz, Jr., b. Feb. 12, 1770.

John B., b. June 11, 1776.

PARSONS, JOHN, m. Sarah Wright, Oct. 13, 1772.

George, b. Nov. 8, 1773.

Eunice, b. Aug. 5, 1781.

Asahel, b. Sept. 23, 1783.

PARSONS, PARTRIDGE, of Eliphaz; m. Desire Parmelee, Jan. 18, 1792.

Abigail, b. April 22, 1793.

Sophia, b. Dec. 20, 1795.

Mirza, b. Aug. 1, 1797.

Irene, b. Aug. 18, 1802.

Wm. Cullin, b. May 16, 1808.

PARSONS, ELIPHAZ, Jr., of Eliphaz; m. Lois Bishop, May 6, 1797.

Lucretia, b. March 27, 1798.

Phebe, b. May 24, 1800.

Huldah, b. May 27, 1802.

Mehitabel, b. Sept. 25, 1805.

Eliphaz T., b. Nov. 19, 1807.

John B., b. March 28, 1810.

Charles, b. March 12, 1812.

Nabby, b. July 25, 1814.

PLANT, TIMOTHY, b.   ; d. in captivity by the British, Dec.   , 1777; m. Mary Coldbreath, May 10, 1771.

Margaret, b. Dec. 11, 1771.

Timothy, b. June 3, 1773.
Lucy Parish, b. Nov. 6, 1774.
Joel, b. Aug. 22, 1776.

PLANT, STEPHEN, m. Rebecca Webster, Sept. 16, 1773.

Jerusha, b. May 17, 1775.
Naomi, b. Sept. 2, 1776.
Orpah, b. July 24, 1780.
Stephen, b. June 25, 1782.
Reuel, b. March 21, 1785; father of David.
Rebecca, b. May 21, 1787.
Ammi, b. Nov. 5, 1789.
Isaac, b. March 31, 1793.

PECK, RICHARD, and his wife, Margory, and family came to New England in the "Defence of London," Capt. Edward Babcock. Some of the family moved to Milford.

PECK, DEACON PAUL, Hartford, 1639.

PECK, PAUL, Jr., m.

Paul, 3d, came to Litchfield.
John, came to Litchfield.
William, came to Litchfield.

PECK, PAUL, 3d, of Paul, Jr.; from Hartford; b. 1666; d. Dec. 21, 1751, ae. 85; m. Leah Muzzy, Aug. 8, 1701; she d. June 5, 1767, in 86th year.

Paul, b. April 27, 1702; killed by British at Compo, April 28, 1777.
Elizabeth, b.   ; m. Benjamin Webster.
Leah, b.   ; m. Benjamin Bissell.
Elisha, b. Oct. 20, 170—.
Cornelius.
Thomas.
Rachel, b.   ; m. Reuben Hebard.
Benjamin.

PECK, JOHN, of Paul, Jr.; from Hartford; b. 1672; m. Mehit-
abel Burr.

> Reeve, b. March 3, 1723.
> Abraham.
> John, Jr.
> Isaac.
> Jacob.

PECK, WILLIAM, of Paul Jr.; from Hartford; b. 1686; m. Lois.

> Jerusha, b. Sept.   , 1727; m. Joseph Vail.
> Timothy, b. March   , 1730.
> Lois, b. Sept.   , 1732; m. John Osborn.
> Eunice, b. Sept.   , 1736.
> Margaret, b.   ; m. Harris Hopkins.
> Abigail, b.   ; m. Jas. Stoddard and Abel Barns.
> Sarah, b.   ; m. ———— Bissell.

PECK, ISAAC, of John; m. Ruth Tomlinson, May 20, 1736.

> Rebecca, b. Dec. 15, 1736.

PECK, ELISHA, of Paul, 3d; m. Sarah Grant, Jan.   , 1730/1.

> Elisha, b. July 10, 1731.
> Abijah, b. Oct.   , 1733.
> Dille, b. Jan. 25, 1735/6; m. William Graves.
> Abiah, b. Sept. 20, 1738.

PECK, THOMAS, of Paul, 3d; m. Sarah Smith, Aug. 17, 1733.

> Ann, b. Feb. 7, 1734/5.
> Mindwell, b. Oct. 26, 1737.
> Thomas, Jr., b. April 24, 1740.
> Sarah, b. Aug. 18, 1742.
> Ama, b. April 12, 1745.
> Levi, b. June 23, 1748; d. 1802.
> Rachel, b. Oct. 7, 1752.
> Elijah, Oct. 27, 1754.

PECK, CORNELIUS, of Paul, 3d; m. Bethuah Beebe, Feb. 5, 1748/9; widow of Ebenezer Beebe.

>Elizabeth, b. March 9, 1750; m. Abel Atwater.
>Cornelius, Jr., b. March 26, 1753.
>Mary, b. July 27, 1754.

PECK, BENJAMIN, of Paul, 3d; m. Mary Frisbie, Oct. 22, 1755.

>Benjamin, Jr., b. Dec. 28, 1756; m. Mary Buel.
>Mary, b. July 12, 1759.
>Anna, b. July 17, 1763; m. James Stone.
>Rhoda, b. Oct. 8, 1766; m. Norman Buel.
>Eliada, b. July 16, 1770.

PECK, REEVE, of John; m. Rachel.

>Moses, b. Jan. 19, 1754.
>Reeve, Jr.
>Ann, b. Jan. 27, 1757.
>Reuben, b. Jan. 24, 1760.
>Asahel, b. Aug. 13, 1762.
>George, b. Nov. 17, 1765.
>Rachel, b. Feb. 18, 1769; m. Daniel Vaill.

PECK, TIMOTHY, of William; m. Sarah Plumb, Dec. 18, 1751.

>Philosibbius, or Philo Eusebius, b. Oct. 3, 1752.
>Anne, b. March 29, 1755.
>Rhoda, b. March 21, 1758.
>Sarah, b. Jan. 3, 1762.
>Timothy, Jr., b. Aug. 26, 1765.
>Virgil, b. Sept. 4, 1768.
>Rachel, b. Feb. 18, 1769.

PECK, ABRAHAM, of John; d. Aug. 1801, in 91st year; m. Hannah.

>Abraham, Jr., b. Nov. 15, 1763.
>Sybil, b. Aug. 9, 1765.

PECK, ABIJAH, of Elisha; m. Keturah ———; she d. Sept.
    1, 1772, ae. 44; m. Rhoda Fitch, June 6, 1773, widow;
    formerly Rhoda Collins.

    Keturah, b. Jan. 22, 1774.
    Abijah, b. Feb. 5, 1776.

PECK, REEVE, Jr., of Reeve; m. Sarah Butler, April 14, 1774.

    Elizur, b. Feb. 24, 1776.
    Samuel, b. March 20, 1778.
    Sarah, b. Sept. 22, 1780.
    Reeve, b. Nov. 4, 1782.
    Horatio, b. Sept. 26, 1799.

PECK, ASAHEL, of Reeve; m. Anna Marsh, Feb.   , 1789.

    Chauncey, b. Aug. 25, 1789; d. Feb. 18, 1867.
    Horace, b. June 10, 1791.
    Asahel, b. April 29, 1792.
    Elijah M., b. Oct. 29, 1794; d.   , 1872.
    Ozias, b. May 17, 1797.
    Edmund, b. Aug. 14, 1799.
    Anna, b. April 18, 1801; d. Nov. 25, 1866.
    Julius, b. July 29, 1804.
    Harriet, b. June 10, 1806.
    William, b. March 14, 1808; d. March, 1866.

PECK, PHILO, or PHILOEUSEBIUS, of Timothy; m. Han-
    nah Hicks, Feb. 26, 1778.

    Alfred, b. Feb. 26, 1779.
    Rhoda, b. Sept. 25, 1782.
    Polly, b. April 29, 1785; d. Aug. 26, 1793.
    Mary Ann, b. Nov. 20, 1795.

PECK, TIMOTHY, Jr., of Timothy; m. ———.

    Luther, b.   ; d. in London.
    Sally.
    Virgil.
    Mary, b.   ; m. ——— Cowdry, lawyer in
        New York.

PECK, ABRAHAM, Jr., of Abraham; m. Honor DeWolf, 1787.

> Hannah, b. April 22, 1788.
> Alanson, b. Feb. 4, 1790.
> Epaphroditus, b. July 6, 1791.
> David, b. Dec. 8, 1794; d. Feb. 18, 1796.
> Mary, b. March 6, 1796.
> Lucretia, b. April 22, 1798.
> Isaac, b. July 27, 1800.

PECK, ELIADA, of Benjamin; d. 1849; m. Sally Beckwith, Oct. 28, 1798; she d. Nov. 29, 1799.

> Benjamin, b. Nov. 7, 1799.
> m. Abigail Whittlesey, June 4, 1806; she d. Aug. 19, 1825, of Martin.
> Henry D., b. May 23, 1807.
> Sheldon W., b. Aug. 31, 1809.
> James, b. Feb. 5, 1812; d. 1813.
> m. Julia Sherman, May 7, 1826.
> Maria S., or Sarah Maria, b.   ; m. Rev. Joseph Whittlesey.

PECK, ASA (probably Asahel, of Reeve); d. May 17, 1818; m. Hannah Farnam, June 15, 1786. She m., second, David King.

> John M., b. Oct. 31, 1789.

PECK, VIRGIL, of Timothy; m. Mary Wallace. She subsequently married Abel Catlin, M.D., and d. Dec. 21, 1860, at residence of her son, Wm. V., at Portsmouth, Ohio. He was Judge Supreme Court of Ohio.

> Wm. Virgil.
> Mary W., b.   ; m. E. D. Mansfield, April 25, 1827.
> Helen.

PECK, ELIJAH, of Thomas; d. 1794; m. Hannah Harrison, daughter of Ephraim Harrison.

> Almon.

    Freeman.

    Rhoda.

    Clarissa.

    Mahala.

    Lucy, b.   ; m. Norman Kilborn.

    Elijah, b.   ; d. Dec. 12, 1869, ae. 77, Bridge-
    water.

PETTIT, SAMUEL, m. Elizabeth ———.

    Catharine, b. June 22, 1739.

PIER, THOMAS, from Stratford, Conn.; m. Dorothy or Mar-
  garet ———.

    Sarah, b. May 19, 1719.

    Patience, b. Aug. 10, 1722; d. Sept. 4, 1722.

    Lucy, b. July 30, 1727. (Daughter of " Thomas and
    Margaret.")

    John, b. Dec. 14, 1728. (Son of " Thomas and
    Margaret.")

    Thomas, b. April 6, 1730. (Son of " Thomas and
    Margaret.")

PIERCE, JOHN, m. Mary Bard, daughter of ——— Bard, M.D.,
  of New York.

    John.

    Nancy (Anne).

    Susannah, b.   ; m. J. Brace.

    Ruth, b.   ; m. T. O. Croswell.

    Sally, b. June 16, 1767; d. Jan. 19, 1852. (" The
    Teacher.")

  m. Mary Goodwin, daughter of Thomas Goodwin.

    Timothy.

    James.

    Mary, b. Aug. , 1780; d. June 22, 1863.

  John Pierce placed his sister Sarah at school in New
    York. When she returned to Litchfield, she
    brought some pupils (young ladies) with her, and

that was the commencement of her school. The above is the statement of Mrs. Truman Marsh at her age of eighty-two, made this 4th day of October, 1864. G. C. W.

PIERPONT, EVELYN, brother of James and David, from New Haven; m. Rhoda Collins, daughter of Charles.

PIERPONT, JAMES, from New Haven; brother of David and Evelyn; m. Elizabeth Collins, Sept. 28, 1782; she d. July 28, 1815, ae. 59.

    Sherman, b. June 29, 1783.
    John, b. April 6, 1785; m. Mary Lord. (Rev. and Poet; d. Aug. , 1866.)
    Sally, b. Jan. 11, 1787.
    James, b. March 2, 1789.
    Elizabeth, b. May 28, 1792; m. Rev. John Langdon.
    Sarah, b. July 21, 1795; m. ———— Cogshall.
    Abby, b. Oct. 13, 1797; m. Rev. J. Langdon and Samuel Church.
    James M., b. June 23, 1800.
    m. Lucy Crossman, Dec. 16, 1817.
    Leonard, b. Oct. 28, 1819.

PIERPONT, DAVID, brother of Evelyn and James, from New Haven; b. July 26, 1764; d. Feb. 16, 1826; m. Sarah Phelps, June 20, 1787; she d. Feb. 14, 1853.

    David, b. Dec. 19, 1788.
    Robert, b. May 4, 1791.
    Edward, b. July 1, 1793; d. Aug. 9, 1871.
    Warren, b. June 7, 1795.
    Sarah, b. Aug. 21, 1797.
    William, b. Jan. 31, 1800.
    Charles, b. May 22, 1802.
    John, b. Sept. 10, 1805.
    Laura, b. Sept. 12, 1808.

‖ PHELPS, EDWARD, from Windsor; d. March 3, 1790, in

12

93d year; m. Deborah Griswold, June 18, 1723; she d. Jan. 18, 1771, in 73d year.

Deborah, b. Sept. 15, 1725; m. Alexander McNeil.
Edward, Jr., b. Dec. 25, 1727; d. March 26, 1797.
Mindwell, b. Feb. 17, 1732; m. George Catlin.
Roswell, b. Dec. 8, 1738; d. Nov. 8, 1739. (Nov. 18, second record.)
Lucy, b. March 28, 1741; m. Ebenezer Marsh, Jr.; d. 1772.

PHELPS, EDWARD, Jr., of Edward; d. March 26, 1797; m. Hannah Marsh, Dec. 21, 1752; she b. March, 1733; d. 1818; she m., second, M. Prindle.

Anne, b. Jan. 2, 1754; m. Aaron Seymour.
John, b. March 3, 1756.
Edward, b. April 17, 1758; d. in Revolutionary Army.
Deborah, b. Dec. 24, 1759; m. Eli Smith.
Ozias, b. May 2, 1760.
Hannah, b. April 21, 1764; m. Grove Catlin.
Sarah, b. Oct. 4, 1766; m. David Pierpont.

PHELPS, JOSHUA, m. Hannah Birge, July 8, 1752.

Hannah, b. April 20, 1753.
Mary, b. July 24, 1756.
Rhoda, b. Jan. 31, 1758.
Abigail, b. Dec. 25, 1759.
Joshua, b. Aug. 27, 1762.
Eunice, b. Aug. 30, 1766.

PHELPS, JOHN, of Edward, Jr.; m. Sally Shether, Oct. 24, 1780.

Polly, b. Aug. 21, 1781; m. ———— Wilmot.
Edward, b. Dec. 17, 1782; d. Oct. 5, 1859.
John, Jr., b. Sept. 9, 1784; m. ———— Smith; m. Sally A. Young; she d. Dec. 20, 1881.
Sally, b. July 4, 1787; d. 1870.
Samuel S., b. May 13, 1793.

PHELPS, CALEB, of Troy; m. Clarissa Goodwin, Sept. 22, 1806.

PRESTON, ASA, m. Ruamah Taylor, Dec. 24, 1755.

    Jehiel, b. May 22, 1756.

    Asa, Jr., b. Oct. 13, 1758.

    Ruhamah, b. Oct. 22, 1761.

PRESTON, JOHN, m. Susannah Andrews, Nov. 6, 1775.

    Susannah, b. April 17, 1776.

    Diedamia, b. March 6, 1778.

PRINDLE, MARK, b.   ; d. May 28, 1804, ae. 70; m. Lois Marsh, Nov. 3, 1755.

    Charles, b. Aug. 12, 1756.

    Lois, b. Oct. 16, 1759.

    m. Hannah Phelps, Nov. 7, 1798, wid. Ed. Phelps, Dau. Ebr. Marsh.

    " Mark Prindle, Esq., was one of the most respectable and highly esteemed inhabitants of Harwinton, where he resided during the Revolutionary War, but he was obnoxious as a Tory, and, being pursued by his enemies, concealed himself in the hay in his barn. His enemies threatened to seize his son Charles, when he appeared, and they tarred and feathered him, and transported him to Windham, where he was confined in goal."

PHILIPS, GIDEON, m. Temperance ————.

    Gideon, b. April 21, 1761.

POND, BERIAH, m. Sylvia Sanford, 1787.

    Willis.

    Asa, b. Feb. 13, 1795.

    Lyman, b. Nov. 13, 1796.

    Lucy, b. Nov. 17, 1798.

    Johnson.

Miles, b. May 15, 1801.
Riley, b. Dec. 6, 1802.
Beria Porter, b. May 3, 1809 (?).
Laurens S., b. Jan. 31, 1809.
Pliny B., b. July 22, 1811.
m. Lucy ————; date unknown; possibly before m.
  Sylvia.

POTTER, JOEL, from New Haven, brother of Benjamin; m.
  Thankful Stone,   , 1784.

    Bela, b. June 16, 1785.
    Herman, b. April 5, 1787.
    Orin, b. April 21, 1789.
    Almeda, b. Feb. 21, 1792.
    Laura, b. Oct. 2, 1794.
    Curtis, b. July 26, 1800.

POTTER, BENJAMIN, from New Haven, brother of Joel; m.
  Rachel Stone.

    Miner.
    Albert.

PLUMB, JOSEPH, from Milford; d. Dec. 31, 1768, ae. 73; m.
  Sarah ————.

    Sarah, b.   ; m. Timothy Peck.
    Anne, b.   ; m. Harris Jones.

PLUMB, EZRA, m. Elizabeth Buel, March 29, 1739.

    Elizabeth, b. May 9, 1742.
    Ebenezer, b. Jan. 27, 1746/7.
    Hannah, b. Nov. 24, 1749.
    Ezra, b. May 10, 1755.

PLUMB, EBENEZER, of Ezra; m. Deborah Griswold, March
  24, 1768.

    Friend, b. April 2, 1769.
    Rachel, b. June 14, 1770.

Deborah, b. Feb. 26, 1772.
Ebenezer, b. Feb. 8, 1774.
Samuel, b. Dec. 9, 1775.
Reuben, b. Jan. 14, 1778.
Elijah, b. March 26, 1780.
Betsey, b. June 19, 1782.
Ann, b. May 23, 1784.
Charles, b. July 28, 1789.

PLUMB, EZRA, Jr., of Ezra; d. Oct. 17, 1787; m. Sarah Wood-
ruff, June 8, 1775; she d. Feb. 8, 1781; dau. Nathaniel, Jr.

John, b. July 6, 1776.
David, b. March 4, 1778.
Elizabeth, b. Nov. 17, 1779.
m. Sarah Griswold, Dec. 4, 1783, from Wethersfield.
Sarah, b. Oct. 19, 1784; m. Aaron Spencer and Noah
Beach.
Ezra, b. Dec. 25, 1786; d. July 1, 1787.

PLUMB, HENRY, removed to Canada; m. Caroline Landon.

Henry, b. Sept. 17, 1775.
Caroline, b. Sept. 20, 1777.

PLUMB, FRIEND, of Ebenezer; m. Mary Smith.

Charity, b. Oct. 5, 1793.
Maria, b. March 23, 1795.
Samuel, b. Sept. 17, 1796.
Horatio, b. Oct. 14, 1798.
William, b. April 12, 1800.
Orrin, b. Aug. 23, 1801.

PLUMB, JOHN, of Ezra, Jr.; m. Deborah Plumb, June   ,
1798, daughter of Ebenezer.

Charlotte, b. April 26, 1799; d. June 28, 1894.
Frederick W., b. Oct. 28, 1801; d. Sept. 26, 1877.

RANNEY, STEPHEN (colored), lived in Litchfield 20 years;
d. Jackson, Miss., Sept.   , 1827, ae. 68.

RHEA, JOHN, from Marblehead, Mass.; d. Feb. 11, 1785; m. Abigail Barnard.

RHEA, WILLIAM, from Marblehead, Mass., brother of John; d. Oct. 6, 1813; m. Hannah Gibbs, Nov. 9, 1780.

> David, b. Oct. 17, 1781.
> Sally, b. June 3, 1783.
> Elizabeth, b. March 12, 1785.
> John, b. Dec. 14, 1786.
> Hannah, b. Jan. 8, 1789; m. Frederick Whittlesey.
> Abigail, b. Dec. 5, 1790; m. Henry Whittlesey.
> || William, b. Oct. 15, 1792; m. Nancy Blackman; he d. Jan. 9, 1869.
> Israel, b. June 3, 1794.
> Anna, b. April 12, 1796.
> Polly, b. June 4, 1798.

† || REEVE, TAPPING, b. at Southhold, L. I., 20 Sept., O. S. Oct. 1, 1744; d. at Litchfield, Dec. 13, 1823; m. Sally Burr at Fairfield, Conn., June 24, 1772. She was born at Newark, N. J., May 3, 1754; died at Litchfield, March 30, 1797. She was daughter of Aaron Burr, President of Nassau Hall (Princeton College), Princeton, N. J., and his wife, Esther Edwards, daughter of Jonathan Edwards, the elder, also Pres. of same College. She was only sister of Aaron Burr, Vice-President of the United States.

> Aaron Burr Reeve, b. Oct. 3, 1780, at Litchfield.
> m. Sally Thompson at Bethlehem, April 30, 1798; she born at Watertown, Feb. 14, 1774; d. at Litchfield, Dec. 8, 1842.
> Hon. Tapping Burr was a Chief Justice of the Supreme Court of Connecticut, and founder of The Litchfield Law School in 1784. Amelia B. Ogden, a resident of his family from her childhood, died in his house, Jan. 15, 1866, ae. 87.

REEVE, AARON BURR, of Tapping; d. at Troy, N. Y., Sept. 1, 1809; m. Annabella Shedden at Litchfield, Nov. 21, 1808; she b. at New York, Nov.   , 1787.

REEVE, TAPPING BURR, of Aaron Burr Reeve; b. at Troy, N. Y., Aug. 16, 1809; d. at Litchfield, Aug. 28, 1829.

RICHMOND, SILAS, m. Hannah Emmons, Dec. 19, 1733.

> Ephraim, b. June 15, 1734.
> Phebe, b. Oct. 29, 1736.

RIGGS, JEREMIAH, m. Anne ————.

> Samuel, b. Jan. 18, 1769; d. Feb. 15, 1769.
> Esther, b. April 15, 1770.
> Samuel, b. Oct. 1, 1773.
> Susanna, b. March 21, 1776; d. Sept. 21, 1777.
> Jeremiah, b. March 2, 1778.
> Ransom.
> Laurin.

RILEY, JAMES, m. Anne Osborn, March 2, 1797.

> James, b. March 12, 1800.
> Joseph, b. Sept. 25, 1804.
> Aaron, b. Nov. 11, 1806.
> Philip D., b. Aug. 24, 1810.
> John O., b. Aug. 1, 1814.

RIPNER, SAMUEL, m. Mary Lee, Feb. 7, 1771.

> Samuel, b. Feb. 7, 1772.
> Stephen L., b. Feb. 11, 1774.

ROBERTS, DANIEL, m. Mabel Easton, July 7, 1794.

> Susannah, b. April 8, 1796.
> Almond P., b. July 9, 1798.
> Rumina, b. March 5, 1800.
> Julia Ann, b. June 3, 1802.
> Albert, b. July 17, 1804.

Jesse, b. June 23, 1807.
Norman E., b. April 28, 1809.
Geo. Pratt, b. April 18, 1811.
Wm. Edwin, b. Jan. 21, 1813.
Harriet N., b. Feb. 16, 1815.
Henry M.

ROGERS, JOSEPH, m. Susannah Flower, Jan. 31, 1759.

Anne, b. Jan. 1, 1762, at Hartford.
Sarah, b. Feb. 22, 1763, at Hartford.
Huldah, b. Sept. 10, 1764.
Ruth, b. Jan. 21, 1766.
Lucia, b. June 14, 1768.
Joseph, b. March 3, 1770.
Mehitabel, b. Feb. 21, 1773.

ROGERS, JONATHAN, m. ————.

William, b.   , 1767; d. July 31, 1805, ae. 38.

ROGERS, DANIEL, m. Peggy Smith, April , 1798.

Nancy, b. Oct. 9, 1799.
Daniel S., b. Dec. 9, 1804.
William, b. July 15, 1807.
Lydia, b. June 7, 1814.
Orilla, b. Jan. 3, 1811.
Samuel, b. Feb. 2, 1817.
Fanny M., b. Sept. 15, 1821.

ROLPH, JOHN, m. Mary Osborn, April 29, 1781.

Stephen, b. Jan. 20, 1784.
Polly, b. April 23, 1786.
Jacob O., b. Feb. 17, 1788.

ROSS, SIMEON, m. Mary ————; she d. 1777.   First person
buried in South Farms West burying ground.

Simeon, b. June 29, 1753.
Asher, b. Jan. 20, 1755.

Sarah, b. July 8, 1758.
Mary, b. May 6, 1761.
Elizabeth, b. Jan. 12, 1763.

ROSSITER, JONATHAN, from Guilford, Conn.; d. Feb. 20,
1752; m. Ann ———; she d. July 20, 1772, in 75th
year.

Stephen.
Jonathan, Jr.
Anne, b.   ; m. Stephen Bidwell.
Keturah.
Susannah.
Lucy (Lucea), b.   ; d. April 9, 1753, in 19th
    year.

ROSSITER, STEPHEN, of Jonathan; this family removed to
Harwinton; m. Anna ———; she d. July 20, 1772, in
75th year.

Ama, b. July 11, 1743; d. Aug. 18, 1743.
Sarah, b. Nov. 19, 1744.
Amos, b. March 10, 1746/7.
Rachel, b. Dec. 1, 1751; m. John Burnham.
Mary.
Anne.
Lucy, b.   ; d. April 9, 1753.
Stephen.
Timothy.
Josiah.
Samuel.

ROSSITER, JONATHAN, Jr., of Jonathan; m. Milicent Catlin,
Nov. 15, 1757, sister of Lewis Catlin.

Melicent, b. Jan. 9, 1759.
Anne, b. Jan. 23, 1760; d. Feb. 15, 1760.
Jonathan, b. Dec. 25, 1761.
Anne, b. Oct. 13, 1762.
Hannah, b. July 18, 1764.

Honour, b. May 28, 1766.

Olive, b. May 28, 1766.

Sabra, b. Feb. 8, 1768.

Huldah, b. Feb. 17, 1770.

ROSSITER, SAMUEL, of Stephen; m. Tryphene Smith, Nov. 12, 1775.

Samuel, b. Dec. 25, 1775; d. June 18, 1778.

ROWE, DANIEL, m. Lucretia ————.

Daniel, b. Feb. 7, 1773.

ROWLAND, ANDREW, Jr., from Fairfield; m. Anne Marsh, March 26, 1799; she d. Feb. 18, 1819.

Elizabeth, b. Oct. 2, 1802.

RUSSELL, STEPHEN, from Wethersfield; m. Margaret Andrus, Dec. 20, 1772.

Elijah, b. March 13, 1773; d. Oct. 1, 1777.

Mary Ann, b. Oct. 13, 1774; d. Sept. 18, 1777.

Ursula, b. Sept. 9, 1776; d. Sept. 25, 1777.

Mary Ann, b. July 16, 1778.

Ursula, b. Aug. 5, 1780.

Lucy, b. May 7, 1782.

Margaret, b. Aug. 12, 1784.

Elijah, b. Aug. 18, 1787.

David, b. Oct. 22, 1790.

RUSSEL, JOHN, half-brother of Stephen; m. Mary Woodruff, Sept. 1, 1777.

Edmund.

Barzilla.

Sally.

John.

William.

Julius.

RUSSEL, STEPHEN, from Wethersfield, nephew of John; m. Sally Wadhams, April 17, 1803.

  John W., b. Jan. 28, 1804.
  Isaac W., b. March 4, 1810.
  m. Anna Buel, Wid. of David, son of Salmon Buel.

RUSSEL, WILLIAM, from Norwich, England; m. Abigail Strong.

  Emanuel.

SACKET, AARON, m. Phebe Hart, July 6, 1786.

  Huldah, b. June 25, 1787.
  Elizabeth, b. April 8, 1789.
  Clarissa, b. May 26, 1791.
  Charles, b. May 23, 1793.
  Amanda, b. Aug. 23, 1795.
  Phebe H., b. May 27, 1798.

SALTONSTALL, m. ———— Lewis.

  Thomas, b.   , 1805; d. Sept. 6, 1884. The fifth in descent from Gov. Saltonstall, and a descendant of Gov. Dudley.

SANFORD, ROBERT, Sr., d. in 1676, leaving a widow and children, Zachariah, Robert, Hannah, Sarah, Abigail, Elizabeth, Colio, Ezekiel, and Mary Camp.

SANFORD, JOSEPH, of Ezekiel; m. Catharine Fairchild, Feb. 11, 1725.

SANFORD, THOMAS, m. ————.

  Ephraim.

SANFORD, EPHRAIM, of Thomas; m. ————.

  Samuel.

SANFORD, SAMUEL, of Ephraim; m. ————.

  Joseph.

|| SANFORD, JOSEPH, of Samuel; m. Mary Clark.

 Hannah, b. , 1729; m. Ephraim Harrison.
 Oliver, b. Aug. 22, 1732; m. Betty Lyon.
 Jonah, b. Aug. 1, 1735; m. R. Woodruff.
 Mary, b. Oct. 4, 1739.
 Joseph, Jr., b. July 28, 1745; m. Mehitabel Young.

SANFORD, OLIVER, of Joseph; d. Oct. 26, 1800, ae. 68; m. Elizabeth Lyon, Feb. 8, 1762; she d. Dec. 23, 1804, ae. 72.

 Mary, b. June 4, 1762.
 Sarah, b. Sept. 15, 1764; m. E. S. Hall.
 Roxanna, b. Dec. 10, 1766.
 Orinda, b. June 27, 1769.
 Marvin, b. Oct. 2, 1771; m. Damaris Blake, Nov. 6, 1803.

SANFORD, JONAH, of Joseph; d. Jan. 21, 1817, ae. 81; m. Rhoda Woodruff, Dec. 7, 1757; she d. July 11, 1809.

 Joseph, 2d, b. April 17, 1758; m. Chloe Goodwin, dau. of Nathaniel.
 Clark, b. July 10, 1764.
 Rhoda Pamelia, b. April 27, 1768.
 Jonah, b. Jan. 27, 1773; d. Aug. 28, 1806.
 Simeon, b. May 6, 1775; d. June 23, 1846.
 Benjamin.

SANFORD, JOSEPH, Jr., of Joseph; d. Dec. 13, 1813, ae. 68; m. Mehitabel Young.

 Joseph, b. 1770; d. 1772.
 Mehitabel, b. 1771; d. 1772.
 Joseph, b. 1773.
 Olive, b. 1774.
 Stephen, b. 1776.
 Edmund, b. 1781.
 Ozias, b. 1784.
 Clarissa, b. 1786; m. William Beebe, Jan. 17, 1808.

SANFORD, ZACHARIAH, from Waterbury; m. Sarah Curtiss,
     1738.
          Philemon.
          Stephen.
          Enos.
          Zacheus.
          Elias.
          Sarah.
          Deidama.

SANFORD, ENOS, of Zachariah; m. Martha.
          Enos, b.   , 1773.

SANFORD, STEPHEN, of Zachariah; m. Abigail Fuller, Jan.
     6, 1774.
          Deidamia, b. Sept. 11, 1774.

SANFORD, ELIAS, of Zachariah; m. Alice Fuller, Jan. 23,
     1776.
          Joseph F., b. March 13, 1777.
          Lucinda, b. Aug. 14, 1778.
          Daniel, b. March 3, 1780.
          Elias, b. March 20, 1782.
          Benjamin, b. April 18, 1784.
          Barzillai, b. July 7, 1786.

SANFORD, MOSES, from New Haven; m. Mary Robinson.
          Mary, b. March 10, 1768.
          Asa.
          Moses.
          Linus.
          Hannah.
          Solomon.
          Isaac.

SANFORD, SOLOMON, of Moses; m. Thankful Sperry, Nov.
     24, 1774.
          Linus, b. Sept. 22, 1776; d. Feb.   , 1777.
          Sally, b. June 29, 1778.

SANFORD, ASA, of Moses; d. Dec. 7, 1856, ae. 91; m. Susannah Baldwin, Sept. 15, 1790.

Catharine, b. Sept. 9, 1791; m. Elias McNeil.
Garwood, b. Dec. 14, 1793; m. Diantha Bissell, dau. of Calvin.
Amanda, b. Feb. 26, 1796.
Susan, b. Oct. 5, 1797; m. ———— Jenne.
Derrick V., b. July 9, 1801.
Esther R., b. Jan. 20, 1804.
Dorcas, b. March 28, 1807.
Abby, b. June 3, 1809.
Mary Ann G., b. June 11, 1811.
George.

SANFORD, JOSEPH, 2d, of Jonah; m. Chloe Goodwin, Jan. 1, 1784.

Nathaniel, b. Oct. 27, 1784.
Rhoda, b. Jan. 23, 1786.
Clarke.
Freeman.
Betsey.
Lucy.
Seymour.
Pamelia.

SLATE, SAMUEL, m. Mary ————.

Ann, b. March 26, 1740/1.
Samuel, b. Nov. 14, 1743. (So recorded.)
Mary, b. July 19, 1743. (So recorded.)
Eleanor, b. June 2, 1746.
Aaron, b. Feb. 2, 1748.
Ezekiel, b. Jan. 15, 1752.
Elizabeth, b. Sept. 14, 1756.
Lemuel, b. Sept. 10, 1759.

STANLEY, TIMOTHY, Jr., m. Mary ————.

Timothy.
Mary, b. June 10, 1756.

Frederick, b. April 15, 1758.

Pamela, b. Feb. 25, 1760.

Abigail, b. March 21, 1762.

Eunice, b. Feb. 19, 1764.

Rufus.

Huldah, b.   ; m. Levi De Wolf.

STANLEY, TIMOTHY, 3d, of Timothy, Jr.; m. Lucy Woodruff, Dec. 22, 1775.

Timothy, b. April 6, 1777.

STANLEY, FREDERICK, of Timothy, Jr.; m. Sabra Bishop, Sept. 25, 1781.

Henry, b. Feb. 9, 1783.

STANLEY, RUFUS, of Timothy, Jr.; m. Lydia Collins.

Lucretia, b.   ; m. Stephen Grosvenor and Wm. Shelton.

STANTON, WILLIAM (Capt.), resided in Litchfield forty years and commanded a company of Lt. Dragoons in Rev. War; d. Dec. 3, 1806, ae. 78.

STARR, DANIEL, m. Rachel Buel, April 20, 1784, daughter of Solomon Buel.

Harry, b. Jan. 12, 1785; m. Clarissa Peck.

Nancy, b. Jan. 12, 1785; m. Ben Hickox.

Jerusha, b. April 5, 1789.

Lucy, b. Jan. 27, 1792.

Harriet, b. Jan. 27, 1801; m. Rev. ———— Joselyn.

Caroline, b. Nov. 8, 1803.

Jane, b. Jan. 20, 1807 or 9.

STARR, HARRY, of Daniel; m. Clarissa Peck, May 1, 1808.

SWAN, NATHAN, m. Temperance Philips, Oct. 4, 1770.

Lucia, b. Aug. 5, 1771.

Olive, b. June 16, 1773.

Temperance, b. Jan. 15, 1778.

SEELEY, JUSTUS, m. ———.

> Justus, Jr.

SEELEY, JUSTUS, Jr., of Justus; m. Sarah ———.

> Luman, b. Nov. 5, 1776.
> Truman, b. June 25, 1780.

SEYMOUR, RICHARD. All of the name of Seymour in this country are probably descended from Richard Seymour. He was one of the original settlers of Hartford, Conn., 1635-6, and as such his name appears on the noble monument in the ancient burial ground in that city. He lived in Burr Street, probably one of Mr. Hooker's congregation, from Chelmsford, Essex County, England (Braintree or East-Colne). That congregation first seated themselves at Cambridge, Mass.

> His sons were Richard, John, who lived in Hartford on the south bank of Little River, and died in 1713: Zachariah and Thomas.

SEYMOUR, JOHN, of Richard; m. Mary Watson.

> Zachariah.
> John, Jr., b.   , 1664; d. 1748, ae. 84.
> Richard.
> Thomas.
> Jerusha.

SEYMOUR, JOHN, Jr., of John; m. Elizabeth Webster, dau. of Lt. Robert Webster and granddaughter of Gov. John Webster.

> John.
> Nathaniel.
> Elizabeth.
> Timothy.
> Zebulon, b.   ; d. Feb. 3, 1765, in 65th year.
> Susannah.
> **Daniel.**

Moses.

Margaret, b.   ; m. John Catlin.

Jonathan.

Richard.

SEYMOUR, MOSES, of John, Jr.; d. Sept. 24, 1795, ae. 85; m.
Rachel Goodwin; she d. July 23, 1763, ae. 47.

Sarah, b. Feb. 16, 1740; d. 1799.
Moses, b. July 23, 1742.
Rachel, b. Dec. 17, 1744; d. July 24, 1794.
Dorothy, b. Oct. 13, 1746; m. Abraham Webster; d.
June 5, 1819.
Aaron, b. March 4, 1749; d. Sept.   , 1820.
Eunice, b. Aug. 7, 1751; m. Seth Landon.
Samuel, b. Jan. 21, 1754; m. Rebecca Osborn.
Catharine, b. Aug. 29, 1756; d. March 19, 1814.

SEYMOUR, ABEL, m. Damaris ————.

Titus, b. July 6, 1774.

|| ÷ SEYMOUR, MOSES, Jr., of Moses, from Hartford; b.
July 23, 1742; d. 1826; m. Molly Marsh, Nov. 7, 1771;
she d. 1826.

Clarissa, b. Aug. 3, 1772; d. Sept. 2, 1865.
Moses, Jr., b. June 30, 1774; d. May 8, 1826.
Ozias, b. July 8, 1776; d. June 3, 1851.
Horatio, b. May 31, 1778; d. Nov. 21, 1857. U. S.
Senator, Vt.
Henry, b. May 30, 1780; d. Aug. 26, 1837.
Epaphroditus, b. July 8, 1783; d. ————.

SEYMOUR, SAMUEL, from Hartford, brother of Moses; b.
Jan. 21, 1754; d. Nov. 14, 1837; m. Rebecca Osborn,
June 20, 1788; she d. July 17, 1843.

Harriet, b. March 24, 1789; d. May 4, 1854.
James, b. April 20, 1791.
Charles, b. March 13, 1793.

Clarissa, b. Jan. 23, 1800.

William H., b. July 19, 1802.

A son, b. March 13, 1794; d. Sept. 30, 1794.

+ v SEYMOUR, MOSES, Jr., of Moses, Jr.; m. Mabel Strong, Feb. 23, 1800, at Addison, Vt.

Louisa, b. May 12, 1801; m. Stanley Lockwood.

John Strong, b. May 15, 1803; m. Rachel Wetmore.

Marana N., b. Feb. 13, 1805; m. ———— Kingsbury.

Delia Storrs, b. Nov. 25, 1806.

Henry, b. Nov. 25, 1808.

Jane Maria, b. March 7, 1811; m. J. G. Beckwith.

Epaphroditus, b. Aug. 7, 1812.

Moses McCure, b. July 31, 1814.

George, b. Dec. 27, 1816; d. Jan. 29, 1861.

+ SEYMOUR, OZIAS, of Moses, Jr.; d. June 3, 1851; m. Selima Storrs, March 3, 1803; b. June 29, 1786; she d. Nov. 2, 1814.

Origen Storrs, b. Feb. 9, 1804; d. Aug. 12, 1881.

Henrietta S., b. Oct. 25, 1806; m. Geo. C. Woodruff; d. June 22, 1892.

Amelia Selima, b. March 6, 1809; m. David C. Sanford; d. July 15, 1833.

Maria, b. March 8, 1813; m. Rollin Sanford; d. April 5, 1836.

SEYMOUR, JAMES, of Samuel; m. Mira A. ————.

Mary, b. May 18, 1819; d. Dec. 24, 1836.

Charles, b. July 8, 1823.

James, b. July 5, 1827.

Louisa, b. March 21, 1829.

Harriet, b. Jan. 5, 1831; Missionary to Harpoot, Eastern Turkey.

Eveline, b. July 5, 1832; m. Albert M. Hastings, Jan. 1, 1856.

Henry, b. Aug. 19, 1834.

Emily, b. May 3, 1836; m. Chester S. Armstrong, Oct. 15, 1859.

George, b. Nov. 26, 1838.

Mary, b. Feb. 19, 1841.

SEYMOUR, CHARLES, of James; m. Jane E. Hastings, Aug. 18, 1853.

SEYMOUR, JAMES, of James; m. Mary O. Lodowick, May 22, 1861.

† :: × SEYMOUR, ORIGEN S., of Ozias; d. Aug. 12, 1881; m. Lucy Morris Woodruff, Oct. 5, 1830; she d. Oct. 20, 1894.

> Edward Woodruff, b. Aug. 30, 1832; m. Mary F. Tallmadge.
>
> Storrs Ozias, b. Jan. 24, 1836; m. Mary H. Browne.
>
> Maria, b. Oct. 27, 1838; d. Sept. 11, 1878.
>
> Morris Woodruff, b. Oct. 6, 1842; m. Charlotte T. Sanford.

† :: ‖ Y SEYMOUR, EDWARD WOODRUFF, of Origen S.; d. Oct. 16, 1892; m. Mary F. Tallmadge, May 12, 1864.

SEYMOUR, STORRS OZIAS, of Origen S.; m. Mary Harrison Browne, June 20, 1861.

> Edward Woodruff, b. April 11, 1874.

Y SEYMOUR, MORRIS WOODRUFF, of Origen S.; m. Charlotte Tyler Sanford, Sept. 15, 1869.

> Origen Storrs, b. April 19, 1872.

SEYMOUR, ORIGEN S., of Morris W.; m. Frances Bolton Lord, Oct. 25, 1899.

SHEDDEN, JANE R., a music teacher; d. in London, England, 1872, ae. 79.

‡ || SHELDON, ELISHA (Col.), from Lyme; d. Sept.   , 1779;
     built Judge Gould House; m. Elizabeth Ely.

Elisha (Col.), b.	; removed to Salisbury.
Thomas, b.	; built Col. Tallmadge House.
Samuel, b.	; m. Elizabeth Baldwin, of Isaac.
Lois, b.	; m. Lyde Lord.

SHELDON, SAMUEL, of Elisha; m. Elizabeth Baldwin, July
     31, 1780.

> Elisha, b. July 15, 1782.
> Samuel, b. Dec. 28, 1784.
> Isaac, b.   ; d. ae. 26.

SHELDON, EPAPHRODITUS, General; lived in Childs'
     House.

SHELDON, RUTH, b.   ; d. Feb. 21, 1818.

SHELDON, DANIEL, from Hartford; a physician; m. Huldah
     Stone, May 13, 1784.

> Frederick, b. March 2, 1785.
> Lucy, b. June 27, 1788; m. Theron Beach; d. April
>   7, 1889.
> Henry, b. Oct. 18, 1790.
> William, b. April 5, 1802.
> Daniel, b.   ; by his first wife.
> Charlotte, b.   ; by his first wife.

SHEPHARD, EZEKIEL, b. Nov. 23, 1709; d. Aug. 2, 1743;
     m. Thankful Woodruff,   , 1742.

> Ezekiel, b. Dec. 12, 1743.

SHEPHARD, AARON, m. Susannah Chamberlain, Nov. 1,
     1759.

SHETHER, m. ———.

> Samuel.

Sally, b.   ; m. John Phelps.
Rachel, b.   ; m. Ashbel Marsh.
John.
Betsey, b.   ; m. Croswell, father of Edwin
   Croswell.

SHETHER, JOHN, m. Sarah Smith, Jan. 27, 1773.

   Sarah S., b. April 20, 1774.
   James, b. Aug. 28, 1775.

SHERMAN, JABEZ, d. Feb. 11, 1848, ae. 81.

SMEDLEY, SAMUEL, from Woodbury.

   Samuel, Jr.
   Ephraim.

SMEDLEY, SAMUEL, Jr., of Samuel; d. Feb. 16, 1756, ae. 54;
   m. Esther Kilborn, Feb. 1, 1729.

   John, b. Jan. 4, 1730/1.
   Nehemiah.
   Jedediah.
   Esther, b.   ; m. ——— Hosford.
   Jemima, b. Dec. 25, 1739.
   Samuel, b. Jan. 3, 1742.
   Moses, b. Jan. 23, 1746.
   Ann, b. April 10, 1748.
   Aaron, b. March 9, 1750.
   Lucina, b. May 29, 1753; m. J. Clark.
   Joshua, b. March 1, 1755. All removed to Williams-
      town, Mass., except Moses and Jemima.

SMEDLEY, EPHRAIM, of Samuel; d. Aug. 21, 1785, ae. 72;
   m. Concurrance Hurd of Woodbury; she d. May 16,
   1808, ae. 89.

   Mary, b. July 17, 1738; m. ——— Hall.
   Concurrance, b. Nov. 2, 1740; m. ——— Garnsey.
   Ephraim, Jr., b. July 14, 1742; d. May 20, 1821.

Gideon, b. March 30, 1745.
Damaris, b. Feb. 4, 1747.
Nathan, b. April 12, 1749.
Eunice, b. Aug. 12, 1751.
James, b. Dec. 25, 1754; d. Jan. 20, 1755.
Hannah, b. March 1, 1755; m. ———— Dresser.
Sabra, b.   ; m. ———— Agard.

SMEDLEY, JOHN, of Samuel, Jr.; m. Deliverance.

Deliverance, b. March 14, 1756.
Tryphena, b. Aug. 20, 1758.
Ama, b. June 7, 1760.

SMEDLEY, EPHRAIM, Jr., of Ephraim; d. May 20, 1821, ae. 79; m. Anne Gibbs, Jan. 28, 1767.

Eunice, b. Oct. 27, 1767.
Abigail, b. Feb. 12, 1774.
Olive, b. Sept. 29, 1780.
Chester, b. Feb. 17, 1783.
Lucy, b. May 19, 1785.
Gideon, b. Sept. 20, 1788.
Ephraim, b.   ; d. Sept. 7, 1791.
Anna.

SMEDLEY, NATHAN, of Ephraim; d. March 12, 1809, ae. 60; m. Phebe Doolittle,   , 1773.

James, b. June   , 1774; d. June   , 1776.
Sabra, b. Aug.   , 1776.
Frederick, b. Nov. 25, 1778.
Phebe, b.   , 1780.
Concurrance.
Nathan.
James, b. Feb.   , 1790.
Ephraim.
Anna.
(Question whether Ephraim and Anna were children of Nathan or Ephraim.)

SMEDLEY, GIDEON, m. Sarah Gibbs, Nov. 17, 1768.

> Rachel.
> Cynthia, b.   ; d. Oct. 6, 1793.
> Moses, b. April 13, 1769; d. Sept. 6, 1770.
> Sally, b. March 23, 1771.
> Irene, b. June 8, 1776.

SPENCER, JOHN, m. Elizabeth ————.

> Rodman, b. Feb. 19, 1759.
> Michael, b. May 26, 1761.

SPENCER, ZACHARIAH, m. Mary Wright.

> Polly, b. April 19, 1781.
> Anna, b. April 16, 1783.
> Zachariah, b. May 20, 1785.
> Eunice.

SPENCER, EPHRAIM, from East Haddam; m. Sarah Stoddard, June 4, 1782.

> Aaron, b. Jan. 19, 1783; d. Oct. 29, 1806; m. Sarah Plumb.
> Alban, b. Jan. 13, 1785.
> Clarissa, b. Aug. 25, 1790; d. Sept. 29, 1793.
> Ephraim, b. Feb. 15, 1793.
> Elias, b. March 22, 1795.
> Sally, b. Nov. 14, 1796.
> Sylvester, b. Jan. 3, 1799.
> Ebenezer, b. Aug. 16, 1801.
> William S., b. July 18, 1803.
> Truman, b. Jan. 3, 1806.
> Solon, b. Oct. 11, 1810.

SPENCER, HENRY, m. Rachel Gatee, Oct. 31, 1797.

> Harriet, b. Oct. 7, 1798.
> Medad G., b. May 24, 1800.
> Hannah, b. Sept. 1, 1802.
> Lucia, b. Nov. 8, 1804.

Clarissa, b. Nov. 15, 1806.
Mary, b. Jan. 26, 1809.
Polly Mary, b. Aug. 7, 1810.
Lucius W., b. April 24, 1813.
Rebecca Ann, b. Oct. 29, 1815.

SPENCER, SAMUEL W. (Capt.), b. in Litchfield; removed to Geneseo Cy., N. Y.

STEWARD, NATHAN, from East Hampton; m. Martha Shaw, Dec. 11, 1760; d. Nov. 27, 1786.

Jared, b. June 4, 1761.
Hannah, b. July 6, 1763.
Nathan, b. April 27, 1765.
William, b. June 5, 1767.
Molly, b. June 17, 1769.
Martha, b. July 30, 1771.
Sarah, b. May 24, 1773.
Alice, b. Jan. 10, 1776.
Jared, b. June 22, 1779.
Sarah, b. Sept. 1, 1781; m. Caleb Pickett.
Betsey, b. May 1, 1784; m. Julius Griswold.
Luna, b. Sept. 3, 1786; m. Birdsey Norton, Jr.

STEWARD, DANIEL, m. Phebe Chapman, Jan. 11, 1762.

Daniel, b. Nov. 18, 1762.
Phebe, b. Dec. 21, 1766.

SISCO, JACOB, m. Elizabeth ————.

Mary, b. March 13, 1736/7.
Hannah, b. July 7, 1739.
Elizabeth, b. May 12, 1745.

SKINNER, TIMOTHY (Gen.), m. Susannah Marsh, Nov. 15, 1770; she d. Jan. 25, 1801.

Timothy, b. Aug. 18, 1771; d. Nov. 3, 1790.
Roger, b. June 10, 1773; U. S. Judge, N. Dist. of N.Y.

Susannah, b. Nov. 25, 1775; d. Aug. 17, 1798.

Richard, b. May 30, 1778; d. May 23, 1833; M. C., Gov., and Ch. Jus. in Vt.

Alma, b. June 4, 1780; d. Sept. 4, 1797.

Oliver, b. July 18, 1782.

James, b. Sept. 24, 1784.

m. Abigail Buel (wid.), May 17, 1801; she d. May 16, 1806.

m. Hannah Marsh (wid.).

SMITH, JOHN, brother of Nathaniel; m. ———.

Josiah.

Stephen (?).

SMITH, JOSIAH, of John; m. Abigail ———.

Deidamia, b. Jan. 1, 1732.

Submit, b. Oct. 15, 1733.

John, b. Nov. 1, 1735.

Wait, b. Nov. 13, 1737.

Sabra, b. Aug. 11, 1740.

Ruben, b. June 16, 1742 (Aug. 6?).

Simeon, b. June 16, 1742 (Aug. 6?).

Abigail, b. Aug. 2, 1748.

Ruth, b. Oct. 7, 1751.

Josiah, Jr., b. July 20, 1754.

Rhoda, b. June 14, 1756.

SMITH, JOHN, of Josiah; m. Mehitabel ———.

Wait.

Friend.

Anson.

John.

SMITH, SIMEON, of Josiah; m. Rachel ———.

Huldah, b. June 8, 1762.

Orange, b. June 4, 1765.

(From Woodbury Probate Records, Vol. 1: 1725, May
11.) Administration was granted on Estate of Mr.
Nathaniel Smith, late of Litchfield, deceased, to Mrs.
Ann Smith, his widow, and William Smith, his son.
His children were William, Nathaniel, Abiel,
Joshua, Stephen, Jacob, Jonathan, Ann, Elizabeth,
Experience (m. B. Horsford), Sarah, Mary, and
Phebe.

SMITH, ABIEL, of Nathaniel; m. Abigail Pelet, Sept. 24, 1729;
she d. July 12, 1738, in 33d year.

> Abigail, b. July 15, 1730.
> Nathaniel, b. Nov. 2, 1731.
> Rhoda, b. June 23, 1733.
> Abiel, Jr., b. Jan. 10, 1734/5.
> Ebenezer, b. Feb. 14, 1736/7.
> Esther, b. July 12, 1738.
> m. Joanna Goodwin, April 19, 1739.
> Ann, b. April 20, 1740.
> Mehitabel, b. Jan. 16, 1741/2.
> Gideon, b. July 29, 1743.
> Jacob, b. Nov. 3, 1747.

SMITH, STEPHEN, of Nathaniel; m. Mary Stoddard, Jan. 25,
1732/3.

> Olive, b. Oct. 20, 1733.
> Chloe, b. March 23, 1735.
> Supream, b. Aug. 16, 1737.
> Elias, b. May 20, 1739.
> Stephen, Jr., b. March 2, 1741.
> William, b. Aug. 16, 1745.
> Jonathan, b. Nov. 6, 1747.
> Sarah, b. Dec. 9, 1749.

SMITH, JOSHUA, of Nathaniel, from Scituate, Mass.; m. Wid.
Sarah Peck, Nov. 15, 1739.

> Sarah, b. Sept. 5, 1740.
> Phebe, b. June 16, 1743; m. Alexander Thompson, Jr.

Huldah, b. Sept. 6, 1746; m. ——— Wood.

Sarah, b. May 4, 1747.

Miriam, b. Nov. 6, 1752.

Joshua, Jr., b. July 17, 1754.

SMITH, JONATHAN, of Nathaniel; m. Esther ———.

Jonathan.

Tryphena, b. Aug. 22, 1754.

SMITH, JACOB, of Nathaniel, from Scituate, Mass., brother of Joshua; m. Elizabeth ———.

Jacob, Jr.

Rebecca, b. Dec. 25, 1756; d. July, 1845.

SMITH, NATHANIEL, of Abiel; m. Mehitabel Goodwin, Feb. 2, 1758.

Phineas, b. Oct. 27, 1759.

Hannah, b. Nov. 14, 1761.

Rachel, b. June 16, 1764.

Nathaniel, Jr.

SMITH, ABIEL, Jr., of Abiel; m. Hannah Beach, April 2, 1758.

Experience, b. May 16, 1760.

SMITH, JACOB, Jr., of Jacob; m. Mary Lewis, Jan. 13, 1763.

Mary, b. Nov. 30, 1766.

Jacob, b. Oct. 3, 1768.

Reuben, b. April 19, 1770.

James, b. Feb. 25, 1772.

Lewis.

Lemuel, b. July 18, 1774.

SMITH, LEMUEL, of Jacob, Jr.; m. Nancy Jones, Nov. 17, 1797.

Lyman J., b. Dec. 22, 1798.

Merrit, b. July 18, 1801; d. Jan. 22, 1804.

William, b. Nov. 3, 1803.

Eliza R., b. May 7, 1806.
Merrit, b. Aug. 20, 1808.
George W., b. March 3, 1811.
Hannah M., b. Oct. 15, 1813.
Mary Ann, b. Jan. 15, 1816.
Infant, b. June 5, 1818.

SMITH, EBENEZER, of Abiel (?); m. Hannah Buel, Sept. 9, 1762.
Ebenezer.
Hannah.
Jesse.
Ira.
Joseph.
Sarah.
Polly.
Miles.
Norman.

SMITH, JONATHAN, Jr., of Jonathan; m. Bethia Doolittle, April 25, 1765.
Hezekiah, b. July 13, 1766.
Eldad, b. July 23, 1768.
William, b. Feb. 8, 1771.
Mary, b. May 24, 1773.
Deidamia, b. March 1, 1776.
Jonathan, b. Feb. 1, 1778.

SMITH, STEPHEN, Jr., of Stephen; m. Lydia Hall, March 26, 1764.
Stephen, b. Sept. 23, 1764.
m. Ruhamah Smith, Sept. 12, 1767; she d. Aug. 31, 1807.
Abel, b. Sept. 14, 1768.
Olive, b. May 11, 1770.
Levi, b. Sept. 16, 1771.
Elizabeth, b. July 20, 1773.
Anne, b. July 20, 1773.
Esther, b. Oct. 19, 1774.

SMITH, SUPREAM, of Stephen; m. Jerusha Kilborn, Nov. 25, 1764.

> Elias, b. Feb. 20, 1766.
> Joseph, b. Jan. 30, 1768.
> Mary, b. Dec. 10, 1769.
> Deidamia, b. Feb. 21, 1772.
> Olive, b. Jan. 25, 1774.

SMITH, NATHANIEL, Jr., of Nathaniel; m. Eunice ————.

> Lewis, b. about 1772.
> Huldah, b. about 1775.
> Not of record, and possibly incorrect.

SMITH, JONATHAN, 2d, d. 1787; m. Rebecca ————.

SMITH, PHINEAS, of Nathaniel; m. Anna ————.

> Whiting, b. Sept. 16, 1780.

SMITH, ELDAD, of Jonathan, Jr.; m. Martha Moss, Dec. 12, 1792.

> Hiram, b. Oct. 6, 1793.
> Lewis, b. July 19, 1795.
> Jonathan, b. June 9, 1797.
> Albon, b. Feb. 19, 1799; d. April 10, 1799.

SMITH, REUBEN, 3d, of Jacob, Jr.; m. Elizabeth Moss, Dec. 10, 1795.

> Polly, b. Jan. 17, 1798; d. March 29, 1799.
> Polly L., b. June 10, 1800.
> Rachel M., b. Sept. 5, 1802.
> Abraham, b. Dec. 5, 1804.
> Lucy, b. May 7, 1807.
> Reuben, b. May 17, 1810.
> James F., b. Oct. 27, 1812.
> Herman L. V., b. Oct. 18, 1815.

SMITH, REUBEN (M.D.), from Southington; d. Aug.   , 1804, ae. 67; m. Abigail Hubbard, Oct. 23, 1770.

Elihu H., b. Sept. 4, 1771; d. Sept. 19, 1798, in New
    York.
Mary S., b. Oct. 29, 1773; m. Thomas Mumford.
Abigail, b. Oct. 19, 1775; m. Ezekiel Bacon.
Fanny, b. Feb. 3, 1780; m. Thomas Skinner.

SMITH, NOAH, m. Eleanor Smith, Nov. 15, 1772.
    Philo, b. Feb. 28, 1774.
    Minerva, b. Feb. 18, 1776.
    Madeira, b. June 25, 1778.
    Elisha, b. May 26, 1780.
    Sally, b. Aug. 21, 1782.
    Clarissa, b. June 13, 1786.
    Miriam, b. Sept. 21, 1788.

SMITH, HENRY, from Pennsylvania; m. Mabel Taylor, Aug.
    2, 1773.
    William, b. Sept. 8, 1774.
    Mabel, b. July 18, 1779.
    Kate, b. Feb. 17, 1782.

SMITH, ELI, from East Haven; m. Deborah Phelps, March
    24, 1779.
    Lorinda, b. Oct. 11, 1779.
    Thomas, b. Oct. 22, 1781.
    Eli, b. Nov. 12, 1783.
    Sally, b. Sept. 10, 1785.
    David, b. Feb. 8, 1788; d. March 2, 1788.
    Horace, b. July 13, 1789.
    Eunice, b. Nov. 11, 1791; m. Doctor Lyman.
    Phelps, b. Jan. 4, 1794.
    Fredk. R., b. May 3, 1796.
    George W., b. March 20, 1798.
    Clarissa, b. May 25, 1800; m. ———— Clapp.

|| SMITH, AARON, from Plymouth, Conn.; m. ————
    Waterman, dau. of Rev. Simon Waterman of Plymouth.

One child, d. young.

Adopted Miss Lewis, who married David Leavitt.

SMITH, LUCIUS, from Plymouth, brother of Aaron; a merchant, became a clergyman of the Episcopal Church.

SMITH, JAMES, from Plymouth, brother of Aaron; ocean steam navigator.

SMITH, DAVID, cousin of Mrs. Sarah Woodruff; m. Mary Bateman, Jan. 20, 1780.

David, Jr., b. Oct. 31, 1780; d. June 4, 1783.
Harriet, b. July 15, 1782.
Daniel, b. Feb. 26, 1784.
Maria, b. May 8, 1786; had five husbands and was a widow in 1881.
Moses, b. March 31, 1788.
Polly, b. March 7, 1790.
Bateman, b. Jan. 21, 1792; d. Feb. 17, 1869.
Ursula, b. Nov. 3, 1793.
Marian, b. Nov. 14, 1795.
Olive S., b. Nov. 3, 1797; m. Dan Throop.
Dotha, b. Feb. 12, 1800.
Marian, b. Feb. 19, 1802.
Charles, b. March 12, 1804.

SMITH, HICKS, m. Hannah Forbes, Sept. 11, 1799.

Ira, b. June 16, 1800.
Hannah M., b. Aug. 30, 1805.
Lucy Ann, b. Sept. 21, 1808.
Sidney.
Caroline.
Reuben.

: SMITH, HON. TRUMAN, United States Senator; d. May 3, 1884, at Stamford (?).

STODDARD, JOHN, from Wethersfield; m. Sarah ———.

Moses.

John, b.   ; d. Dec. 26, 1735.

James.

Josiah.

Sarah.

Prudence.

Jerusha, b.   ; d. July 26, 1728.

STODDARD, MOSES, of John; d. Sept. 2, 1777; m. Ruth
   Goodwin, May 18, 1732; she d. Aug. 19, 1777.

   Hannah, b. March 24, 1733.
   Jerusha, b. Nov. 18, 1734.
   John, b. July 12, 1736; d. March 20, 1818.
   Aaron, b. July 15, 1739.
   Moses, Jr., b. May 14, 1741; d. Dec. 21, 1831.
   Obed, b. April 5, 1743.
   David, b. Aug. 8, 1747.

STODDARD, JAMES, of John; d. March 28, 1749; first person
   buried in East burial ground, South Farms; m. Abigail
   Peck, June 22, 1738.

   Briant, b. Nov. 16, 1739.
   Orange, b. May 8, 1741.
   Abigail, b. Oct. 2, 1743.
   Sarah, b. July 25, 1745.
   James, b. Sept. 13, 1747; m. Minerva Bird.
   Rhoda, b. March 22, 1749.

STODDARD, BRIANT, of James; m. Phebe Barns, April 21,
   1763.

   Erastus, b. Sept. 4, 1766; d. Feb. 14, 1767.
   Rhoda, b. Sept. 26, 1764.
   Olive, b. Dec. 31, 1767.
   Lydia, b. April 11, 1770; d. Sept. 4, 1855; m. James
      Dewey.
   Lucy, b. May 24, 1772; m. Joseph Bradley.
   Clarissa, b. June 24, 1774; m. Enos Stone.

James, b.   ; m. Huldah Catlin.
Phebe, b.   ; m. James Waugh.
Bryant, b.   ; d. Nov. 5, 1871, ae. 86.

STODDARD, JOHN, of Moses; m. Eunice Kilborn.

Hannah, b. July 25, 1756; m. Isaac Osborn.
Jerusha, b. March 16, 1758.
Daniel, b. April 29, 1760.
Jesse, b. Sept. 17, 1762.
Irene, b. Sept. 6, 1764.
Rhoda, b. Dec. 29, 1766; m. ———— Westover.
Rachel, b. Aug. 29, 1768; m. Jonathan Bishop.
Levi, b. Jan. 27, 1771.
John.

STODDARD, AARON, of Moses; d. Jan. 12, 1777, in captivity
in New York; m. Philena ————.

Ruth, b.   ; m. James Tryon.
Sarah, b.   ; m. Ephraim Spencer.
Lydia, b.   ; m. Abner Gilbert.
Anne.
Philena.
David, b. Nov. 15, 1773; d. May 5, 1848.
Sybil, b.   ; m. ———— Gates or James Lee.
Mary, b. Jan. 10, 1777; m. Harmon Stone.
After the death of Aaron Stoddard his widow had Ash-
bel Beach and Huldah Tilford.
Orman Stone, son of Harmon and Mary Stone, says his
mother's name was Sybil Long. She may have been
the second wife of Aaron, or Philena's name may
have been Philena Sybil Long.

STODDARD, MOSES, Jr., of Moses; m. Abigail Barns, April
23, 1766; d. Nov. 5, 1815, ae. 67.

Enoch, b. April 24, 1767.
Abigail, b. Nov. 7, 1768.
Moses, b. Sept. 15, 1773.

14

Enos, b. July 23, 1777.
Jasper, b. June 20, 1793.
Anthy.
Heman, b.   ; d. Sept. 27, 1793, ae. 13.

STODDARD, OBED, of Moses; d. Dec. 3, 1777; m. Mary
Harrison, March 4, 1767.

    Gideon, b. Feb. 2, 1768.
    Jesse, b. Dec. 2, 1769; d. Sept. 24, 1771.
    Lois, b. July 17, 1771.
    Neri, b. Oct. 28, 1773.
    Obed, b. Feb. 19, 1778.

STODDARD, JESSE, of John; d. Jan. 23, 1846, ae. 83; m. Anne
Catlin, May, 1791; she d. Dec. 26, 1848, ae. 81; dau. of
Samuel.

    Eunice, b. Feb. 1792; m. Guy Hand; m. Ozias San-
        ford.
    Samuel, b. Feb. 18, 1794.
    Harman, b. April 11, 1797.
    Rachel, b. May 27, 1800; m. Truman Stone.
    Nabby C., b. Oct. 20, 1805; m. Homer Sharp.

STODDARD, DANIEL, of John; m. Lorana Stone, Oct. 2,
1783.

    m. Lucretia Bishop, April 29, 1797 (widow).
    Lorana, b. Aug. 29, 1798.
    Lucretia, b. Oct. 3, 1800; m. ———— Partree; m. J.
        W. Mason.
    Daniel Bradley, b. March 5, 1808.

STODDARD, LEVI, of John; m. Patty Burrit, April 27, 1794.

    Marilla, b. Feb. 11, 1798.
    William, b. March 11, 1799; d. Oct. 11, 1802.
    Catharine, b. April 30, 1801.
    John, b. June 4, 1804.

STODDARD, GIDEON, of Obed; m. Anna Kilborn, Feb. 28, 1790.

> Whitman, b. Dec. 9, 1790.
> Jesse, b. July 3, 1792.
> Nabby, b. Aug. 29, 1794.
> Sally, b. Nov. 15, 1796.
> Solomon, b. Nov. 1, 1799.
> Leonard, b. Oct. 20, 1801.
> William, b. Oct. 3, 1804.
> Henry, b. Dec. 5, 1806.
> Mary Ann, b. June 6, 1810.

|| STODDARD, ENOS, of Moses, Jr.; m. Aurelia Bacon, May 14, 1798.

> Cynthia, b. April 18, 1799.
> Asa B., b. Aug. 28, 1800.
> Albert, b. Nov. 20, 1801.
> Orange, b. April 18, 1804.
> Anna, b. Nov. 11, 1805.
> Antha, b. June 24, 1808.
> Chester, b. Nov. 23, 1810.
> Enos, b. Feb. 23, 1812.
> Alanson, b. Dec. 31, 1813.
> Moses, b. Oct. 15, 1815.
> Charles, b. March 17, 1818.

STONE, JOSIAH, of William, Jr., from Guilford, Conn., in 1733; m. Temperance Osborn of East Hampton, L. I.

> Temperance, b. Oct. 13, 1706; d. young.
> Josiah, Jr., b. April   , 1710; d. Nov. 10, 1777.
> Sylvanus, b. Oct. 17, 1713.
> Benjamin, b. Oct. 4, 1720.
> Temperance, b. Aug. 10, 1723.
> Beriah, b. Sept. 13, 1726.
> Mary, b. Oct. 30, 1730.

STONE, SYLVANUS, of Josiah; d. Dec. 13, 1785; m. Lydia
    Wright, March 12, 1733/4.

> Lydia S., b. Dec. 23, 1734.
> Noah, b. Oct. 13, 1736.
> Rhoda, b. Jan. 22, 1738/9.
> Reuben, b. Jan. 18, 1740/1.
> m. Anne ————,   ; d. Jan. 25, 1789.
> Ann, b. Nov. 2, 1747.
> Jonah, b. Nov. 3, 1749.
> Ama, b. Jan. 14, 1752.
> Ruth, b. July 14, 1755.
> William, b. Oct. 4, 1760.
> Lorain, b. Feb. 17, 1763.
> Sylvanus, b. July 22, 1765.
> Mabel, b. Oct. 28, 1768.

STONE, ENOS, m. Mary ————.

> Sarah, b. June 13, 1739.
> Asahel, b. Oct. 6, 1742.
> Enos, b. Aug. 5, 1744.
> Huldah, b. April 23, 1746.

STONE, JOSIAH, Jr., of Josiah; d. 1771; m. Hannah Barrus,
    Sept. 14, 1738.

> Temperance, b. Nov. 2, 1739; m. ———— Swan.
> Hannah, b. Oct. 16, 1741; m. ———— Gillett.
> Thankful, b. Sept. 21, 1743; m. ———— Guthrie.
> Betty, b. Feb. 19, 1747/8; m. ———— Lester.
> Josiah, b. March 4, 1749/50.
> Irene, b. Aug. 24, 1756.

STONE, BENJAMIN, of Josiah; m. Sarah Peck, Feb. 28,
    1739/40.

> Rachel, b. Oct. 24, 1741.
> Seth, b. Oct. 28, 1743.
> Benjamin, Jr., b. July 6, 1745.

STONE, BERIAH, of Josiah; m. Deidamia Smith, Feb. 18, 1750.

>Heber, b. March 8, 1751.
>Levi, b. July 1, 1753.
>Lucina, b. Aug. 14, 1755.
>Ira, b. June 18, 1758.
>James, b. Aug. 22, 1760.
>Asahel, b. April 3, 1763.
>Truman, b. July 19, 1766.
>Elias.
>Uriah.

STONE, NOAH, of Sylvanus; m. Sarah Clark, Dec. 24, 1758.

>Sarah, b. July 7, 1760.
>Lydia, b. Feb. 21, 1762.
>Rhoda, b. March 4, 1764.
>Truman, b. May 8, 1766.
>Solomon, b. Sept. 4, 1768.
>Norman, b. Jan. 25, 1771.
>Sabra, b. Sept. 21, 1773.

STONE, REUBEN, of Sylvanus; m. Rachel Stone, Dec. 24, 1762.

>Seth, b. Oct. 6, 1763.
>Heman, b. June 18, 1764.
>Olive, b. Aug. 18, 1766.
>Olive, b. Aug. 15, 1767.
>Dorcas, b. June 6, 1768. (June 9, 1768, second record.)
>Anne, b. March 22, 1770.
>Warren, b. April 4, 1772.
>Benjamin, b. Feb. 13, 1777.
>Moses, b. July 5, 1782.

STONE, JONAH, of Sylvanus; m. Ruth Kilborn, daughter of Benjamin Kilborn.

>David, b. July 12, 1771.
>Israel, b. June 5, 1775.

Lewis, b. Nov. 14, 1778.
Apollos.
Julius.
m. ———— Andrus.
Sally, b.   ; m. Chapman Griswold.
Jerusha, b.   ; m. Henry Goslee.

STONE, STEPHEN, of Stephen, of William, Jr., from Guilford, Conn.; d. 1794; m. Rebecca Bishop, daughter of Stephen, 1749; she d. Nov. 9, 1767.

Stephen, b. Jan. 1, 1746/7; d. May 22, 1765.
Joel, b. Aug. 7, 1749; fled to Canada.
Leman, b. Dec. 29, 1750.
Liza, b. Feb. 13, 1753.
Rene, b. Jan. 9, 1755; m. Lemuel Hopkins, M.D.
Dothe, b. Dec. 25, 1756; m. Younglove Cutler.
Hannah, b. Dec. 25, 1756; m. Capt. James Lewis.
Huldah, b. Nov. 11, 1759; m. Daniel Sheldon, M.D.
Rachel, b. Nov. 22, 1761; m. ———— Leavenworth of New York.

m. Deliverance Chapman, May 12, 1768.
Stephen, b. April 21, 1769.
Dan.
Derick.
Eliza.
Clarissa.
Kata.
Polly.

STONE, JOSIAH, of Josiah, Jr.; m. Elizabeth ————.

Josiah, b. April 27, 1776.

STONE, BENJAMIN, Jr., of Benjamin; m. Mary Marsh.

John.
Norman and Herman, twins.
Benjamin.
Rhoda, b.   ; m. Orange Kilborn.

STONE, HERMAN, of Benjamin, Jr.; m. Mary Stoddard.

> Albin.
> Rhoda.
> Rebecca.
> Clarissa.
> Orman.
> Myron.
> Abigail.
> Charity.
> Electa.
> Dotha.
> Julia.
> Mary.
> Emily.
> Eliza.
> Aaron.
> William.

STONE, HEBER, of Beriah; m. Sarah Bissell, Jan. 1, 1772.

> Nabby, b. March 19, 1773; d. Sept. 24, 1775.
> Orris, b. March 28, 1775.
> Nabby, b. Sept. 22, 1777; d. March 2, 1780.
> Sally, b. Nov. 1, 1779.
> Sina, b. Sept. 28, 1781.

STONE, JAMES, of Beriah; m. Anne Peck; d. at Watertown, N. Y., June 10, 1847.

> Oran, b. March 1, 1784; d. at Watertown, N. Y.
> Anne, b. Jan. 12, 1786; m. Amos Benedict.
> Harriet, b. April 16, 1792.
> Charlotte, b. Feb. 9, 1796; m. ———— Bradley.
> James.

STONE, JOHN, from Branford; m. Lowly Watkins, 1781.

> Sabra, b. Aug. , 1782.

Polly, b. Sept. 26, 1783.
Sally, b. March   , 1785.
John, b.   , 1787.
James, b.   , 1790.
Charles, b. Aug.   , 1792.
William, b. March   , 1795.
Lucy, b.   , 1798.

STONE, LEWIS, of Jonah; m. Anna Stone, Dau. of Reuben,
Dec. 15, 1806.

Eliza, b. July 7, 1807.
Sheldon, b. May 17, 1809.
Horace, b. Feb. 10, 1813.
Maria, b. July 21, 1816.
Erwin, b. Aug. 7, 1818.
Irene, b. July 16, 1820.
Edwin, b. Oct. 25, 1823.

STONE, ISRAEL, of Jonah; m. Abby Gates, Jan. 23, 1795.

Morgan, b. Jan. 17, 1801.
Marilla, b. Nov. 20, 1802.
Ephraim K., b. Nov. 10, 1804.
Antha, b. March   , 1807; m. Lorenzo Wheeler.
Almira, b. July 30, 1812.
David, b. March   , 1815.

STONE, THOMAS, from Branford; b. at Guilford; m. Polly
Parmelee, Jan. 14, 1782.

Fanny, b. July 9, 1784.
Norman, b. May 19, 1787.
Orange, b. July 2, 1789.
Leman, b. Feb. 20, 1793.
Julius, b. Nov. 12, 1794.
Alvah, b. Jan. 20, 1797.
Russell, b. Nov. 26, 1798; father of Rev. Hiram Stone.
Clarissa, b. Dec. 9, 1803.
Augustus B., b. Dec. 30, 1807.

STONE, SOLOMON, of Noah; d. 1835; m. Rebecca Beebe, Jan. 20, 1794.

Evelina, b. Feb. 27, 1796.
Eli C., b. Nov. 26, 1797.
Frederick, b. Oct. 3, 1802.
Noah, b. Dec. 24, 1806.
Lucy Ann, b. Feb. 7, 1811.

STONE, APOLLOS, of Jonah; m. Eunice Throop,   , 1799

Truman, b. Oct. 12, 1800.
Lucy, b. Oct. 6, 1805.
Mehitabel, b. June 12, 1807.
Rebecca, b. May 12, 1809.
Cornelia, b. May 2, 1811.
Leman, b. March 28, 1813.
Harry, b. Feb. 12, 1815.
William, b. Jan. 14, 1819.

STONE, BENJAMIN, of Reuben; m. Pamela Webb, March   , 1797.

Horatio, b. Nov. 15, 1798.
Jarvis, b. April 15, 1801.
Lurinda, b. July 23, 1803.
Betsey, b. May 3, 1806.
Augustus, b. Sept. 5, 1808.
Alvira, b. Jan. 23, 1811.
Alfred, b. Jan. 28, 1813.

STRONG, SUPPLY, of Jedediah, of Lebanon, Conn.; d. Nov. 26, 1786, ae. 90; m. Lois Buel, Jan. 16, 1722/3; she d. April 26, 1730.

Lois, b. Nov. 15, 1723; d. Dec. 28, 1724.
Thankful, b. Sept. 7, 1725; d. Sept. 17, 1725.
Abijah (female), b. Jan. 25, 1727; m. Jonathan Jones.
Rachel, b. Aug. 1, 1729; m. Samuel Beach, Jr.
m. Anne Strong of Windsor; she d. May 25, 1783.

Asahel, b. Dec. 30, 1736; d. April 21, 1782.
Jedediah, b. Nov. 7, 1738; d. Aug. 21, 1802.
Anne, b. Aug. 23, 1741; m. Jacob Osborn.
Abigail, b. Sept. 28, 1743; m. William Russell.

STRONG, ELEAZOR, from Lebanon, brother of Supply; m. Jemima ————.

Ruth, b. March 17, 1723.

‡ ‖ ÷ STRONG, JEDEDIAH, of Supply; d. Aug. 21, 1802; m. Ruth Patterson, April 17, 1774; she d. Oct. 3, 1777.

Idea, b. Oct. 25, 1775; d. Sept. 25, 1804, in Vermont.
m. Susannah Wyllis, Jan. 22, 1788.

STRONG, JOSIAH, m. Hannah Smedley, Sept. 22, 1734.

Hannah, b. June 22, 1735.
Abigail, b. Aug. 22, 1739.
Solomon, b. Sept. 26, 1741.
David, b. July 6, 1744.
William, b. Sept. 20, 1745.
Elijah, b. March 10, 1747.
Joseph, b. Sept. 15, 1747 (probably 1748).
Ruth, b. May 12, 1749.

STRONG, ADONIJAH, m. Mary Pierce, June 28, 1774.

STRONG, STEPHEN, of Jedediah, of Lebanon; brother of Supply; m. Abigail Buel, Jan. 16, 1718.

Daniel, b. Sept. 17, 1719.
Abigail, b. June 12, 1721.
Mary, b. Dec. 7, 1722.
Stephen, b. Jan. 30, 1725.
Lydia, b. April 6, 1728; d. Aug. 3, 1740.
Peter, b. March 30, 1729; d. Aug. 12, 1740.
Abel, b. April 5, 1731; d. Aug. 23, 1740.
Lois, b. May 24, 1733.
Hannah, b. June 4, 1735; d. Aug. 9, 1740.

Rubee, b. Sept. 20, 1738; d. Aug. 16, 1740.
(Five children died within 20 days of each other, of
    " blackthroat.")
Jonathan, b. June 7, 1741.
Mary, b. May 29, 1743.

:: v TALLMADGE, BENJAMIN, from Brook Haven; d.
    March 7, 1835, ae. 81; m. Mary Floyd, March 16, 1784.

William S., b. Oct. 20, 1785.
Henry F., b. June 10, 1787; m. M. C. Adams.
Maria, b. March 29, 1790; d. March 19, 1878; m. John
    P. Cushman.
Frederick A., b. Aug. 29, 1792.
Benjamin, b. Sept. 10, 1794.
Harriet W., b. April 3, 1797; m. John Delafield; d.
    July 9, 1856.
Geo. Washington, b. Sept. 13, 1800.
m. ———— Hallet.

TANNER, THOMAS, removed to Cornwall; m. Martha
    ————.

John, b. Feb. 4, 1732/3.
Hannah, b. June 30, 1735.
Sarah, b. Feb. 8, 1737/8.
Ruth, b. Sept. 28, 1740.

TAYLOR, EBENEZER, from Windsor; m. Eleanor ————.

Ebenezer, Jr., b. July 14, 1721.
Eleanor, b. May 5, 1723.
Ruhamah, b. June 26, 1725.
Tahan, b. June 14, 1727.
Elizabeth, b. Aug. 24, 1729.
Joel, b. Sept. 3, 1732.
Mary, b. June 27, 1735.
Mabel, b. Aug. 28, 1739.

TAYLOR, ZEBULON, Sergt., from Windsor; brother of

Ebenezer; d. Jan. 1, 1763; m. Sarah Hosford, Dec. 20, 1727; she d. 1763.

Sarah, b. Oct. 21, 1730.

Avis, b. July 30, 1733.

Anne, b. March 15, 1734/5.

John, b. Nov. 14, 1736.

Zebulon, b.   ; d. June 17, 1746.

Ama, b. Aug. 26, 1738.

Zebulon, b. March 25, 1747.

Ambrose, b.   ; d. July 15, 1744.

TAYLOR, EBENEZER, Jr., of Ebenezer; m. Zerviah Culver, Jan. 17, 1749/50.

Joanna, b. Oct. 6, 1750.

Ebenezer, b. Jan. 22, 1751/2.

Joseph, b. Nov. 29, 1753.

Benjamin, b. March 10, 1756.

Moses, b. Jan. 13, 1758.

John, b. Oct. 4, 1760.

TAYLOR, TAHAN, of Ebenezer; m. Ruth Preston, Feb. 10, 1757.

Mary, b. Dec. 11, 1757.

Margaret, b. Nov. 15, 1759.

Tahan, b. Nov. 25, 1761.

Friend, b. March 7, 1764.

Thaddeus, b. June 18, 1766.

Thomas Grant, b. Aug. 20, 1768.

Tabitha, b. Oct. 25, 1770.

Neri, b. Sept. 29, 1772.

Elizabeth, b. April 28, 1775.

TAYLOR, JOEL, of Ebenezer; m. Eleanor Goodell, July 5, 1758.

Joel.

Elisha.

Olive.

TAYLOR, ZEBULON, Jr., of Zebulon; m. Rhoda Grant, Jan. 19, 1775.

 m. Thankful Woodruff, Nov. 23, 1780.

  Rhoda, b. Sept. 7, 1781.

TAYLOR, NATHAN, m. Lydia ————.

 John.

 Medad.

 Nathan.

 Amos.

 Sarah.

 Lydia.

TAYLOR, SIMEON, m. Olive ————, March 22, 1788 (date probably wrong).

 Saloame, b. March 22, 1788.

 Epaphroditus, b. June 2, 1790.

 Horatio, b. May 8, 1792; slain in battle of Little York, 1812.

TAYLOR, ELISHA, of Joel; m. Lydia Cook, daughter of Aaron Cook.

 Polly, b.   ; m. Eben Judson.

 Lydia.

 Miles.

 Elisha.

 Phineas B., b.   ; m. Sidney (?) Blakeslee.

 Rhoda.

 Phila.

‖ : TRACEY, URIAH, from Norwich; b. 1734; d. 1807; m. Susannah Bull, May 1, 1782.

 Sally McC., b. Feb. 14, 1783; m. Judge James Gould.

 Susannah, b. Jan. 18, 1785; m. Samuel Howe, Judge.

 Julia, b. Nov. 25, 1786; m. Theron Metcalf, Judge.

 George M., b. Dec. 24, 1790.

 Caroline, b. Dec. 26, 1792; m. Silas Robbins, Judge.

TRAVIS, JAMES, m. Deborah Plumb, Sept. 30, 1773.

> Isaac, b. July 19, 1774.
> Elizabeth, b. Dec. 13, 1776.

TREADWAY, THOMAS, from Lebanon; m. Sarah Buck, Oct. 8, 1735; she d. Dec. 18, 1738.

> Sarah, b. Aug. 30, 1736.
> Eunice, b. April 19, 1738.

TOREY, RIPLEY, m. Mindwell ————.

> Rhoda, b. Feb. 7, 1771.

TOWNSEN, RICHARD, m. Nancy ————.

> Huldah, b. Dec. 31, 1752.
> Huldah, b. June 26, 1754.

TOWNSEN, JONATHAN, from Bolton.

> Martin.
> Amasa.

THOMAS, JOSEPH, m. Anne Trowbridge.

> Mary, b. Oct. 4, 1762.
> Joseph, b. May 27, 1764.
> John, b. May 9, 1767.
> Samuel, b. July 21, 1779.

THOMSON, ALEXANDER, from Ireland; m. Mary Baldwin, July 2, 1744; she d. Feb. 12, 1745.

> m. Thankful Sheppard, Aug. 17, 1747 (widow).

> Alexander, b. April 3, 1748.
> Thomas, b. April 26, 1750.
> James, b. May 29, 1753.
> John Y., b. Sept. 5, 1758.
> Simeon, b. Nov. 3, 1762; d. March 9, 1768.

THOMSON, ALEXANDER, Jr., m. Phebe Smith.

> Molly, b. Nov. 19, 1770.

THROOP, JOSEPH, from Lebanon; d. May 4, 1799, ae. 83; m. Deborah Buel, from Lebanon; she d. Feb. 15, 1811.

> Benjamin, b. Sept. 13, 1752.
> Martha, b. July 12, 1755.
> Rhoda, b. June 10, 1758.
> Samuel, b. Nov. 8, 1761; d. March 21, 1776.
> William.
> Dan.
> Joseph (?).

THROOP, WILLIAM, of Joseph; m. Sarah Hand, Nov. 19, 1767; she d. Jan. 17, 1774.

> William, b. Aug. 15, 1768; d. May 4, 1770.
> William, b. Sept. 15, 1770.
> Joseph, b. April 9, 1772.
> m. Eunice Stilson, April 27, 1775.
> Sarah, b. June 12, 1776; m. Grant Wickwire.
> Leman, b. Dec. 18, 1779.
> Eunice, b. June 4, 1781.
> Lucy, b. Oct. 19, 1784.
> Eli, b. Aug. 17, 1787.
> Sheldon, b. Dec. 29, 1788.
> Marion, b. Oct.   , 1790.

THROOP, DAN, of Joseph; m. Ama Barns, April 25, 1771.

> Dan.
> Nabby.

THROOP, BENJAMIN, of Joseph; d. Oct. 8, 1833, ae. 81; m. Mary Burgess, Nov. 16, 1775; she d. 1813, ae. 63.

> Samuel, b. Aug. 12, 1776; went to Canada.
> Irene, b. Jan. 14, 1778.
> Calvin, b. Sept. 19, 1779.
> Polly, b. Dec. 8, 1782.
> Benjamin, Jr., b. Dec. 19, 1784.
> Deborah, b. April 8, 1788.
> Joseph, b. April 8, 1788.

James, b. Jan. 19, 1791.
Julina, b. Nov. 29, 1793.
Dan, b. April 28, 1796.
Abigail, b. June 8, 1798.

TROWBRIDGE, THOMAS, m. Sally Peck, Dec. 29, 1785.

Thomas, b. April 16, 1787; m. Sally Marsh, 1813.
Elisha, b. April 22, 1789; m. Anna Miner, 1816.
Sally M., b. Nov. 11, 1791; m. C. Woodruff.
James, b. Oct. 1, 1794; m. Lucy Parmelee.
Stephen, b. Feb. 13, 1798; d. Sept. 7, 1884.
Charles, b. Feb. 1, 1801.
Henry P., b. July 29, 1803; m. Maria Kilborn.
Elizabeth, b. Aug. 2, 1805; m. D. W. Hooker.
Julia C., b. Dec. 29, 1810; m. ———— Mansfield.

TURNER, TITUS, from North Haven, Conn.; m. Sarah
Blakesley, Jan. 27, 1765.

Thomas, b. Oct. 24, 1765; m. Anna Merchant.
Elizabeth, b. Aug. 4, 1767.
Phebe, b. June 11, 1769.
Rhoda, b. May 22, 1772.
Jacob, b. April 22, 1778; m. Sarah Prindle, May 13,
1799.
Isaac, b. May 13, 1780.
Eber, b. Oct. 13, 1782.

TURNER, JACOB, of Titus; m. Sarah Prindle, May 13, 1799.

Allison, b. April 16, 1800; m. Sarah Merchant.
Titus, b. Feb. 10, 1802; m. Sophia Webster.
Tertius W., b. April 27, 1805; m. Abigail Webster.
Rhoda A., b. March 8, 1807.
Rhoda E., b. June 24, 1810; Ruth A., b. June 24, 1810;
twins.
Elizabeth C., b. Nov. 26, 1812.
David P., b. Jan. 11, 1815.
Rachel, b. Oct. 18, 1817.

TURNER, BILLE, m. Philena Curtis.

>Harriet, b. July 18, 1796.
>Phebe, b. Aug. 19, 1801.
>Rosetta, b. June 27, 1807.

TRUMBUL, EZEKIEL, m. Ruth Woodruff; she d. March 25, 1784, ae. 23.

>Ruth, b.   ; m. Abner Northrop.
>m. Anna Harrison.
>Anne, b. Oct. 9, 1801.

TUTTLE, ELIPHALET, m. Desire ————.

>Levi, b. April 3, 1751; d. in Con'l Army, April 19, 1778.
>Rhoda, b. Sept. 11, 1753.
>Submit, b. Feb. 12, 1756.

TRYON, JOHN, d. May 19, 1816, in 88th year; m. Esther Smith, Sept. 22, 1755; she d. 1816.

>John, b. Feb. 20, 1756.
>Joseph, b. Jan. 11, 1759.
>Solomon, b. March 24, 1761; d. Feb. 21, 1844.
>Wright, b. March 17, 1763.
>James, b. June 3, 1766; d. Nov. 27, 1825.

TRYON, JOSEPH, of John; d. Nov. 15, 1798; m. Sarah Gibbs; she d. Dec. 13, 1798.

>Marianda, b. July 2, 1784.
>Sally, b. Oct. 19, 1787.
>Joseph, b. Nov. 29, 1788.
>Clarissa, b. July 11, 1791.

TRYON, JAMES, of John; d. Nov. 23, 1825; m. Ruth Stoddard, 1788; she d. June   , 1795.

>Almira, b. Oct. 4, 1791; m. Freeman Kilborn.
>m. Patty Saunders, June, 1797; she d. March, 1813.
>James, b. June 23, 1799.

15

Ruth, b. March 19, 1798.
Eliza, b. July 27, 1801.
David, b. Aug. 4, 1803.
Mary, b. July 9, 1805.
Esther, b. Oct. 6, 1807.
Jeremiah, b. Jan. 16, 1810.
Cornelia, b. March 4, 1812.
m. Lucinda Frisbie, Jan. 11, 1814.

VAIL, NATHAN, from Southhold, L. I.; d. 1755.

The estate of Nathan Vail and of Ruth Vail was distributed to Joseph, Micah, Mary, Hannah, Samuel, and Elizabeth Vail, and to Widow Lydia Collis. And in December, 1762, the estate of Micah was distributed to Joseph, Mary, Hannah, Samuel, and Elizabeth Vail, and Widow Lydia Collis, but it does not appear or is it certain whether these named were children of Nathan and Ruth or whether all, including Ruth, were brothers and sisters.

VAIL, SAMUEL. He died on his way home from New York in 1777; m. Sarah Berry.

Daniel, b. April 23, 1770; m. Rachel Peck.
David, b.   ; m. Sarah Smith.
Samuel, b.   ; m. Lois Bishop.

VAIL, JOSEPH, from Southhold, L. I.; m. Jerusha Peck, Feb. 2, 1744.

Jerusha, b. Oct. 17, 1746; d. Feb. 1, 1781.
Joseph, b. July 3, 1751; d. Nov. 21, 1838, at Hadlyme.
Lois, b. March 20, 1756; m. Jeremy Osborn.
Lydia, b. April 15, 1759.
Huldah, b. May 26, 1762; m. Ithamar Mallory.
Urania, b. Dec. 6, 1765; m. Darius Kent.
Sarah, b. Feb. 12, 1769; d. April 21, 1818.
Benjamin, b. March 23, 1772; m. Sylvia Landon.
Ama, b. April 2, 1749; m. Jehiel Kilborn.

VAIL, BENJAMIN, of Joseph; d. Aug. 17, 1852; m. Sylvia Landon, Nov. 11, 1793; she d. April 13, 1813.

Herman L., b. Dec. 7, 1794; m. Flora Gold; he d. Dec. 28, 1870.

Anna, b. Jan. 9, 1796 or 7; m. Ira Simmons.

Almira, b. Aug. 10, 1801; m. Drew Hall.

Charles, b. Dec. 30, 1803; m., first, Cornelia Griswold.

Diantha, b. March 7, 1807; m. William Oxx.

Benj. L., b. Feb. 21, 1811; d. Oct. 26, 1829.

WADSWORTH, JOSEPH, m. Elizabeth ————.

Elijah, b. Nov. 14, 1747.

WADSWORTH, ELIJAH, of Joseph; removed to Canfield, O., Sept. 15, 1802; d. Dec. 30, 1817; m. Rhoda Hopkins, Feb. 16, 1780.

Henry, b. Oct. 11, 1782; m. ———— Bradley.

Rhoda, b. Feb. 13, 1784; m. Archibald Clarke.

Frederick, b. March 7, 1786.

WADSWORTH, EPAHRAS, b. 1754; m. Clara Catlin, March 23, 1780.

Polly, b.   ; m. John Tyler.

WADSWORTH, DANIEL, m. Elizabeth Collins, 1791.

WALKER, JOSIAH, from Woodbury; m. Phebe Hurlbut, Dec. 24, 1719; she d. Sept. 26, 1738.

Josiah, Jr., b. Oct. 8, 1723.

David, b. Dec. 26, 1735.

Zachariah, b. July 16, 1738.

Phebe, b.   ; m. Daniel Beers, Aug. 9, 1750, father of Josiah Beers, who m. Elizabeth Preston, parents of Seth P. Beers.

WALLACE, NATHANIEL L., from Middletown; m. Anne Peck, Feb. 20, 1777.

Nathaniel, b. April 13, 1779.
Matthew, b. April 12, 1781.
Reuben, b. April 22, 1783.

WALLACE, RICHARD, from Middletown; brother of Nathaniel L.; m. Mary Peck, April 27, 1780.

> Polly (Mary), b. April 13, 1781; m. Virgil Peck; m. Abel Catlin, M.D.
> Rhoda, b. March 14, 1783.
> Sally, b. Feb. 20, 1785.
> Elizabeth, b. May 28, 1788.
> Richard, b. May 20, 1790.
> Hiram, b. April 16, 1792.
> Huran, b. April 16, 1792.

WALLER, JOSEPH, from Woodbury; m. Hannah Buel, Dec. 8, 1726.

> Abigail, b. Oct. 1, 1727.

WARD, WILLIAM, from New Haven; d. 1830; m. Anna Palmer; she d. 1840.

> Marcella, b.   ; m. Joseph Birge.
> Diantha.
> William, Jr.
> Solomon.
> Grace, b.   ; m. Ashbel Wessells.
> Abigail.
> John, b.   ; President Transylvania University, Kentucky.
> Henry.
> Laurianna.

WARD, DAVID, m. Rhoda Coe, Jan. 14, 1788.

> Loren, b. July 14, 1789.
> Elizabeth, b. June 5, 1791.
> Diantha, b. Feb. 5, 1793.
> Nathan, b. March 16, 1795.

Augustus, b. March 12, 1797.
Clarissa, b. Oct. 26, 1799; d. May 21, 1821.
Abigail, b. Dec. 10, 1808.
David C., b. June 16, 1815.

WARNER, REUBEN, m. Phebe ————.

Sarah, b. May 17, 1767.
Reuben, b. Feb. 1, 1769.

WARREN, ABIJAH, m. Eunice Munger, Dec. 11, 1777.

Christian, b. Oct. 26, 1778.
Belah, b. Jan. 28, 1783.

WATSON, JOHN, d. Nov. 9, 1781, ae. 84; m. Bethuah ————.

James.

WAUGH, JOHN, d. Aug. 3, 1781, ae. 94; m. ————.

Alexander.
Joseph.
Thomas.
Robert.

WAUGH, ROBERT, of John; d. Oct. 6, 1802, ae. 73 or 78; m.
Ruth Gitteau, Nov. 28, 1758; she d. June 8, 1816, ae. 88.

Ruth, b. Dec. 21, 1759.
James.
Margaret.
Christen, b.   ; d. 1815.

WAUGH, JOSEPH, of John; m. Elizabeth ————.

Thaddeus, b. Jan. 3, 1759; d. 1810.
Joseph, b. Dec. 4, 1763.
Rachel, b. April 8, 1766.
Rebecca, b. March 13, 1768.
Elizabeth, b. Oct. 26, 1772.
Leman, b. Aug. 4, 1774.

WAUGH, THOMAS, of John; d. Feb. 24, 1801, ae. 74; m.
Rosina Watson; she d. Aug. 4, 1789.

Samuel.
John.
Asa.
Thomas.

WAUGH, ALEXANDER, of John; m. Elizabeth Throop, Feb.
12, 1766; she d. Sept.   , 1807, ae. 67.

Dan, b. Nov. 12, 1767.

WAUGH, JAMES, of Robert; m. Hannah Bradley, Oct. 10, 1786.
No children; adopted some.
m. Phebe Stoddard.

WAUGH, SAMUEL, of Thomas; m. Elizabeth Goodwin, Dec.
2, 1784.

Therina, b. Nov. 3, 1785.
Sophronia, b. Oct. 15, 1791.
Loudon B., b. May 6, 1794; d. Sept. 12, 1796.
Eliza, b. Nov. 1, 1798.
Samuel W., b. April 9, 1802 (second record, Nov. 1);
m. Caroline Marsh.
Lydia G., b. May 20, 1804.
Chloe, b. Jan. 29, 1807; d. Jan. 13, 1808.

WAUGH, JOHN, of Thomas; d. April 23, 1813; m. Olive Stone,
Oct. 17, 1787; she d. Jan.   , 1812.

Moses, b. Nov. 13, 1788; d. at Torrington, 1839.
Horace, b. March 5, 1791.
Dorcas, b. Oct. 17, 1792.
Sally, b. March 26, 1794.
Lucy, b. Sept. 4, 1796.
Minerva, b. June 26, 1803.
Julian (Julia), b. Oct.   , 1806; m. ———— Bristol.

WAY, THOMAS, Jr.; m. Mary Williams, Oct.   , 1805.

    Jared, b. June 28, 1809.

    Orill, b. June 15, 1819.

WAY, ARA, m. Lydia ————.

    Alvin, b. March 25, 1799.

    Noris, b. Sept. 1, 1801.

WAY, JOSEPH, m. Hannah ————.

    Joseph, b. about 1766.

    Joel, b. about 1772.

WAY, ELIJAH, m. Lucy Silkrig, April 24, 1783.

    Philomela, b. Oct. 24, 1783.

    Billy, b. Dec. 14, 1787.

    Tryphena, b. April 24, 1796.

    Edwin, b. April 10, 1802.

WAY, BILLY, m. Sarah Tuttle, Nov. 15, 1813.

|| WEBSTER, BENJAMIN, from Hartford; d. July 10, 1755; m. Elizabeth Peck.

    Elijah, b. Dec. 28, 1732; d. Aug. 18, 1754.

    James, b. June 2, 1734; d. July 30, 1754.

    Benjamin, Jr., b. Dec. 8, 1736.

    Stephen, b. May 21, 1739; m. Honor Kilborn.

    Elizabeth, b. Jan. 23, 1741/2; m. Capt. Soln. Marsh; d. 1835.

    Charles, b. March 19, 1743/4; m. Rhoda Kilborn.

    John, b. April 3, 1747.

WEBSTER, BENJAMIN, Jr., of Benjamin; d. Oct. 29, 1782; m. Lucretia Buel.

    Elijah, b. March 19, 1761.

    Avis, b. April 20, 1763; m. E. Cramton.

    Lucretia, b. Feb. 14, 1766; m. E. Mason.

    Benjamin, b. Feb. 10, 1769.

Claudius, b. Aug. 27, 1772.
Dan, b. Jan. 23, 1776.
Louden, b. March 3, 1780.
Polly, b. Feb. 11, 1783.

WEBSTER, STEPHEN, of Benjamin; m. Honor Kilborn.

Sarah, b. Sept. 8, 1765.
Truman.
Stephen.
Roswell.
Heman.
Ozias.
David.
Honor, b.   ; m. ————.
Rachel, b.   ; m. Philo Mass.
Anna, b.   ; m. David Buel and Stephen Russel.
Orange, b. Dec. 28, 1780.

WEBSTER, TIMOTHY, of Stephen, of Jonathan, of Robert, of
John, Governor of Connecticut; m. Sarah White, Aug.
15, 1745; she d. Oct. 7, 1814, ae. 90; he d. April 30, 1803,
ae. 80.

Timothy, Jr., b. Jan. 12, 1747.
Michael, b. May 8, 1748; d. 1850, ae. 102.
Sarah, b. Sept. 24, 1751.
Reuben, b. May 12, 1757.
Huldah, b. Feb. 21, 1767; m. Ashbel Buel; she d. Oct.
    10, 1856.
Elijah, b. March 29, 1755.
James, b. Aug. 17, 1759.
Ruth, b. March 2, 1762.
Infant, b. Feb. 26, 1765; d. same day.

WEBSTER, JUSTUS, from Hartford; d. May 23, 1777; m.
Jerusha Stoddard, Nov. 29, 1750; she d. May 29, 1777.

Rebecca, b. Sept. 17, 1751; m. Stephen Plant.
James, b. Aug. 19, 1755.

John.

Asa, b. May 1, 1764.

Obed (?).

WEBSTER, ELIJAH, 2d, of Benjamin, Jr.; d. 1791 at Whitesboro; m. Lois Coe.

WEBSTER, BENJAMIN, of Benjamin, Jr.; m. Sally Hotchkiss.

Marina, b.	; m. Norman Buel.
Lucretia, b.	; m. Wm. Buel, 2d.
Benjamin.	
Orin.	
Elihu.	
Elihu.	
Guy.	
Emily.	
Sally Ann.	

WEBSTER, CLAUDIUS, of Benjamin, Jr.; m. Margaret Buel, Feb. 1, 1795.

Aranda, b. Sept. 16, 1796.

Fanny, b. Dec. 23, 1799.

Jennette, b. Nov. 1, 1802.

Peter Buel, b. Nov. 4, 1805.

WEBSTER, TIMOTHY, Jr., of Timothy; m. Mabel Bidwell, Aug. 23, 1770.

Timothy, b. Nov. 10, 1772.

Orman, b. Oct. 18, 1774.

Abner, b. Jan. 13, 1777.

Dennis, b. Aug. 29, 1779.

WEBSTER, ELIJAH, of Timothy; m. Martha Clark, Oct. 18, 1780.

White, b. Sept. 7, 1781; m. Phebe Hart, Jan. 6, 1803.

Smith, b. July 13, 1785.

Levi, b. July 10, 1787; d. Sept. 4, 1792.

Anna, b. March 9, 1789.
Olive, b. Oct. 15, 1791; d. Nov. 9, 1792.
Olive, b. Feb. 13, 1794.
Huldah, b. March 20, 1797.
Maria, b. Jan. 14, 1800.

|| WEBSTER, REUBEN, of Timothy; m. Anne Buel, June 2, 1781.

Arianda, b. Jan. 12, 1782; m. Jerry Radcliffe.
Belinda, b. Sept. 23, 1787; m. Seth P. Beers; d. Jan. 4, 1868.
Hosea, b. Dec. 14, 1789; d. June 1, 1883.
Augustus, b. May 22, 1791.
George, b. Sept. 8, 1796.
Edwin B., b. May 18, 1803; d. Aug. 31, 1869.

WEBSTER, MICHAEL, of Timothy; m. Elizabeth Clark, July 10, 1774.

Clark, b. Dec. 10, 1774.
Daniel, b. March 24, 1776.
Elizabeth, b. Nov. 5, 1777.
Michael, b. March 10, 1779.
Luman, b. Feb. 5, 1781.
Leman, b. June 16, 1782.

WEBSTER, JAMES, of Charles, of Benjamin; m. Polly Orton, April 17, 1792.

WEBSTER, TRUMAN, of Stephen; m. Dima Sanford, Oct. 8, 1795.

David S., b. May 30, 1800.
Saphira (Sophia), b. May 10, 1802; m. Titus Turner.
Lyman, b. Nov. 7, 1805; m. Eliza R. Smith.
Abigail, b. July 10, 1808; m. Tertius W. Turner.
Anna, b. April 12, 1811; m. Abner G. Fox.
Sally, b. April 11, 1814; m. Aaron W. Fox.

WEED, JOHN, from Plymouth; removed to New Durham, N.
Y.; m. Susannah Mason, Oct. 3, 1780.

WEEKS, HOLAND, m. Hannah ————.

> Anna, b. Sept. 23, 1782.
> Ebenezer, b. July 16, 1784.
> Sarah, b. Dec. 29, 1785.
> Esther, b.   ; d. Dec. 3, 1787.

WELCH, MARY, daughter to Anne Welch; b. Feb. 5, 1769.

|| WELCH, DAVID, from New Milford; d. March 26, 1815, ae.
91; m. Irene Marsh, Dec. 6, 1758; she d. May 4, 1814,
ae. 76.

> John, b. Sept. 23, 1759; d. Dec. 26, 1845.

|| WELCH, JOHN, m. Rosetta Peebles, Nov. 8, 1784.

> William, b. Aug. 6, 1785; d. Aug. 25, 1811.
> Irene, b. Feb. 23, 1787.
> David T., b. April 27, 1791.
> Hugh P., b. July 20, 1793.
> Gerrit P., b. May 18, 1795.
> John, b. Feb. 6, 1798; d. March 11, 1815.
> Eliza, b. Aug. 30, 1801.
> William H., b. June 1, 1805.

WESSELLS, LAWRENCE, from Lyme, Conn.; m. Abigail
Baldwin, Nov. 10, 1761.

> Abigail, b. March 28, 1768.
> Ashbel, b. March 14, 1771; m. Grace Ward.
> George B., b. Dec. 30, 1774; m. Abigail Catlin.
> David.
> Polly, b.   ; m. William Walton.

WESTOVER, DAVID, from Simsbury, Conn.; m. Mary Smith,
daughter of Stephen Smith.

> Joseph, b. about 1773.

Philander, b.   ; m. Mary Kilborn, of Isaac; she
    d. April 26, 1787.
Aima.
David.
Luman.
Cynthia.

WESTOVER, JOSEPH, of David; m. Rebecca Kilborn, Sept.
    , 1787; she d. 1795.

Martia, b. March 24, 1789; d. June 24, 1817.
Ira, b. Jan. 3, 1790; shot by Santa Anna in Mexico.
Leman, b. July 31, 1791.
Rebecca B., b. Oct.   , 1793; d. Aug. 20, 1815.
m. Mehitabel Kilborn, Sept.   , 1796.
Dame, b. Oct.   , 1797.
Welthy, b. July 22, 1798; d. July 22, 1821.
Polly, b. March 19, 1801; d. Sept. 1, 1819.
Hepsibah, b. Nov. 12, 1802.
Lois, b. July 7, 1805.
Mehitabel, b. Dec. 16, 1809.
Amy, b. Jan. 2, 1812.
Lucius, b. July 11, 1817.

WESTOVER, DAVID, of David; d. Oct. 16, 1853, ae. 80 next
    February; m. Rhoda Stoddard, Feb. 1, 1795.

John, b. March 5, 1797; d. Jan. 4, 1875.
Clarinda, b. June 10, 1798.
David S., b. Aug. 8, 1800; d. Aug. 27, 1805.
Linus, b. Aug. 17, 1804; d. Nov. 25, 1874; father of
    David S.
Mary, b. Nov. 9, 1807.
m. Lavina Woodruff, Oct. 28, 1828.
Samuel E., b. Oct. 23, 1830.

WESTOVER, PHILANDER, of David; m. Elizabeth Kilborn,
    Dec. 10, 1795; she d. Aug. 26, 1822.

Truman, b. Aug. 28, 1797; father of Geo. H. Westover.

Maria, b. Oct. 10, 1810.

m. Huldah Shepard, March 27, 1823; she d. Sept. 29, 1824.

m. (wid.) Orra Sanders, nee Griswold.

Helen, b.　　　　　; m. Joseph Kenney.

Truman.

WETMORE, JOHN, d. March 31, 1815, in 81st year.

WETMORE, JOHN, m. Anna Hamlin,　　　, 1795; she d. March 10, 1804.

Ebenezer B., b. June 2, 1798.

Frederick, b. July 23, 1800.

m. Anna Seymour, March 16, 1806; she d. Dec. 5, 1863, ae. 87.

Mary Ann, b. Nov. 2, 1808.

Timothy S., b. July 16, 1810.

Henry, b. Feb. 23, 1812.

John, b. May 22, 1814.

Emeline, b. Dec. 30, 1806.

Edward.

WETMORE, DAVID, d. June 15, 1774; m. Sarah ————.

David.

Elihu.

Hannah.

Rhoda.

Sarah, b. April 12, 1772.

WETMORE, JOSEPH, m. Beaty ————.

Peleg, b. March 23, 1782.

WHEELER, MOSES, from Oxford, Conn.; m. Hannah Perkins, May, 1795; she d. April 24, 1804.

Nancy, b. May 9, 1797; b. at Oxford.

Hannah, b. May 29, 1799; b. at Oxford.

Minerva, b. Feb. 14, 1802; b. at Oxford; m. Matthew Moss.

Maria, b. April 18, 1804.

m. Anna McNeil, March   , 1805.

Lucinda, b. July 15, 1806.

George, b. Jan. 29, 1808.

Mary, b. March 30, 1810.

Anna, b. May 8, 1812.

WHITTLESEY, ROGER N., from Milford, Conn., of Rev. Samuel Whittlesey; m. Anne Woodruff, April 20, 1775.

> Samuel, b. Dec. 18, 1775; d. April 15, 1842.
>
> Newton, b. Oct. 31, 1777; d. May 23, 1844.
>
> Chauncey, b. Dec. 13, 1781; d. Feb. 19, 1836.
>
> Susanna, b. Feb. 13, 1784; m. Capt. Stephen Cogswell; d. Feb. 10, 1850.
>
> Jabez, b. Feb. 8, 1786; d. Feb. 10, 1850.
>
> William, b. July 28, 1788.
>
> Henry, b. May 18, 1790; d. April 26, 1879.
>
> Frederick, b. Jan. 25, 1792; d. Jan. 5, 1873.
>
> Charles, b. Aug. 23, 1793.
>
> Anna, b. May 28, 1795; m. Chester Stone; d. Nov. 2, 1858.
>
> Lucy, b. Oct. 10, 1797; m. Stephen Cogswell, Jr.; d. Oct.   , 1883.
>
> George W., b. Aug. 10, 1799; d. May 17, 1879.

WICKWIRE, JAMES, brother of Grant Wickwire; m. Sarah Barns, Aug. 25, 1779.

> Sally, b. March 12, 1780.
>
> ————, b.   ; m. Benjamin Dunning.

WICKWIRE, GRANT, d. April 21, 1848; m. Sarah Throop, April 12, 1791; she d. June 22, 1819, ae. 43.

> Sarah Ann, b. June 21, 1793.
>
> Sheldon, b. March 22, 1795; d. June 4, 1852.
>
> Althea, b. Oct. 23, 1797; d. Jan. 20, 1821.
>
> Cynthia, b. Nov. 22, 1799.
>
> Lucy, b. April 2, 1802.

Charles, b. June 28, 1805.

Frederick W., b. March 7, 1807.

Catharine, b. March 21, 1809.

Mary Jane, b. Aug. 17, 1814.

WILMOT, JOHN, Jr., from Woodbridge, Conn.; d. Jan. 7, 1810; m. Caroline Johnson, Oct. 18, 1797.

John W., b. Sept. 3, 1798.

Eli T., b. Sept. 26, 1800.

Caroline M., b. Feb. 11, 1802; m. ———— Hosford.

Polly M., b. Nov. 16, 1803; m. L. W. Allen.

Oliver J., b. July 28, 1807.

WING, OBED (Bissell), son of Huldah Tilford, who afterwards married Reuben Bissell. Obed, b. March 1, 1800.

WRIGHT, JAMES, m. Elizabeth Lee, Dec. 13, 1768.

James, b. Oct. 6, 1769.

Elizabeth, b. May 28, 1771.

John, b. Feb. 17, 1773.

Martha, b. Feb. 24, 1775.

Mary, b. March 18, 1777.

Thomas, b. Sept. 24, 1783.

Huldah, b. June 18, 1786.

WRIGHT, JONATHAN, from East Haddam, Conn.; came to Litchfield about 1765; m. Leah Bissell, April 6, 1767.

Honor, b. Dec. 9, 1767.

James, b. Aug. 19, 1769.

Huldah, b. Sept. 27, 1771.

Sina, b. Oct. 18, 1773; d. March   , 1774.

Sally, b. Oct. 18, 1773.

John, b. Jan. 4, 1776.

Sina, b. June 12, 1778; d. Nov. 22, 1793.

Polly, b. June 18, 1780.

m. Tryphena Tray, June 27, 1784; she d. Nov. 20, 1785 (1786).

Susanna, b. March 31, 1785.

Tryphena, b. Nov. 16, 1786.

m. Thankful Landon, May 15, 1788, daughter of David
   Landon.

Samuel, b. March 1, 1789.

Charles, b. June 10, 1791.

Marian, b. Jan. 24, 1794.

Alice, b. Aug. 7, 1795.

In March, 1847, I found among the files of the County
Court, in an old chest, the following account of the
Wolcott family, with their genealogy in an ancient
handwriting, left there probably by the late Hon.
Frederick Wolcott, for many years clerk of the
courts for Litchfield County. — G. C. W.

" Henry Wolcott, the first of the family of Wolcott who
settled in New England, was born in Somersetshire,
not far, it is said, from Taunton, in the year 1578,
and married Mrs. Elizabeth Saunders, who was born
1582, in the year 1606. Mr. Wolcott owned a con-
siderable landed property in his native country
which he held in capite, part of which he sold about
the time he left England; the rest of the estate was
sold at sundry times by himself and his descendants;
the last remains was sold since the Declaration of
Independence, by Henry Allen, Esq., of Windsor,
who claimed by a female descent. From circum-
stances it seems probable the family were of Saxon
origin. Mr. Wolcott, to avoid the Ecclesiastical
Hierarchy of the English Church, was induced to
come into this Country. It is said he first came him-
self to Massachusetts in 1628, but, however this was,
it is certain he came thither with his family as early
as the year 1630 and first settled at Dorchester,
where he continued till 1636, when he came with the
first settlers to the Town of Windsor, and with four
other gentlemen, to wit, Mr. Ludlow, Mr. Newberry,

Mr. Stoughton, and Major Mason, undertook the settlement of this Town, to which they gave the name of Dorchester. The Towns of Hartford and Wethersfield were settled the same year, tho. the Town of what is now called Windsor was upon the first emigration by far the most considerable — previous to this settlement on Connecticut River, one had been made at Springfield under the patronage of Mr. Pincheon, and an earlier settlement, with commercial views, had been made at Saybrook by Mr. Fenwick, Agent to Lord Say & Seal & Brook. Those who settled on Connecticut River in the year 1736 (? 1636) were united with the people of the Massachusetts in religious and civil polity and seem to be much under their influence till 1638, when they adopted a civil constitution for themselves, when Mr. Ludlow was chosen their first Governor and Mr. Wolcott a magistrate, now called an assistant, to which office he was annually chosen till his death in 1655. His eldest son Henry was one of the Patentees whose name is inserted in the Charter granted by Charles the 2d. Mr. Ludlow went to the West Indies and left no posterity in the Country. Major Mason, it is said, had no male posterity. The descendants of the others are well known in Windsor."

In a different handwriting from the preceding is the following:

" A Chronologue of the family of the Wolcotts at New England. Henry Wolcott, Esq., was born A.D. 1578: on or about the year 1607 he married Elizabeth Saunders: he lived in Tolland, near Taunton, in Somerset Shire, till the year 1630, and then, to avoid persecution, came, with his family, into New England and settled at Dorchester. In the year 1636 he came with his family to Windsor, in Connecticut.

Mr. Wolcott, Mr. Ludlow, Mr. Newberry, Mr. Stoughton, Major Mason were the five Gentlemen that undertook for the settling of the Town. Mr. Wolcott was one of the first Magistrates in the Colony of Connecticut: he lived in that post in Windsor till May 30, 1655, and then died: his wife died July 7, 1655: and lie buried under one tomb in Windsor. Their children were "

(The following table, though differently arranged, is copied from the original, which follows the above. G. C. W.)

1st. GEN^N. WOLCOTT, HENRY, b.   , 1578; m. Elizabeth Sanders abt. 1607 (Jan. 10, 1606); he d. May 30, 1655.

> m. Elizabeth Sanders, b. 1589; she d. July 7, 1655.
> Anna, b.   ; m. Mathew Griswold; d. at Lyme.
> Henry, Esq., b.   , 1610; d. at Windsor, July 12, 1680.
> George, b.   ; d. at Wethersfield, Feb. 12, 1663.
> Christopher, b.   ; d. at Windsor, Sept. 7, 1662.
> Mary, b.   ; m. Job Drake; d. at Windsor, Sept. 6, 1689.
> Simon, b.   , 1625; d. at Windsor, Sept. 11, 1687.

2. WOLCOTT, HENRY, of Henry; d. July 12, 1680; m. Sarah Newberry, Nov. 18, 1641.

> Henry, Esq., b. Jan. 6, 1642/3; d. in Windsor, 1709.
> John, b. Feb. 28, 1645/6; d. in Windsor, Jan. 11, 1711/2.
> Samuel, b. Oct. 8, 1647; d. June 14, 1695.
> Sarah, b. July 5, 1649; m. Walter Price; d. at Salem.
> Mary, b. Dec. 6/8, 1651; m. Jas. Russell, Esq.; d. at Charlestown.
> Hannah, b. March 6/8, 1653/4; d. Sept. 4, 1683.
> Josiah, b. July 22, 1658; d. at Salem, Feb. 9, 1728/9.

2. WOLCOTT, GEORGE, of Henry; d. Feb. 12, 1662; m.
——— Treat.

> George.
> Elizabeth.
> John.
> Mercy.

2. WOLCOTT, SIMON, of Henry; d. Sept. 11, 1687; m. Joanna
Cook, March 19, 1656/7; she d. April 27, 1757; daughter
of Aaron.

m. Martha Pitkin, Oct. 17, 1661; d. Oct. 13, 1719.

> Elizabeth, b. Aug. 19, 1662; m. Daniel Cooley; d. Jan.
> 30, 1706/7.
> Martha, b. May 17, 1664; m. Thos. Allyn; d. Sept. 7,
> 1687.
> Simon, b. June 24, 1666; d. Oct. 30, 1732.
> Joanna, b. June 30, 1668; m. John Cotton.
> Daniel.
> Henry, b. May 20, 1670; d. Nov. , 1746.
> Christopher, b. July 4, 1672; d. April 3, 1693.
> Mary, b. , 1674; d. 1676.
> William, b. Nov. 6, 1676; d. Jan. 6, 1748/9.
> Roger, b. Jan. 4, 1678/9; d. May 17, 1767.

3. WOLCOTT, HENRY, of Henry, of Henry; m. Abigail Goss.

> Elizabeth, b. ; m. Matthew Allyn of Windsor,
> Dec. , 1686.
> Abiah.
> Henry.
> Sarah, b. ; m. Chas. Chancy, 1699; d. at Strat-
> field.
> Samuel, b. ; d. 1707 (9).

3 WOLCOTT, JOHN, of Henry, of Henry; m. Mary Chester.

> John, b. ; d. 1750.
> Charles.

George.
Benjamin.
Mary, b.   ; m. John Elliot, Esq.

3. WOLCOTT, SAMUEL, of Henry, of Henry; m. ————.

Samuel, b.   , 1679; d. at Wethersfield, Sept.   ,
1734.
Josiah, b. Feb. 7, 1681/2; d. Oct. 8, 1712.
Hannah, b. March 19, 1683/4; m. William Burnham.
Sarah, b. Aug. 14, 1686.
Lucy, b. Oct. 16, 1688.
Abigail, b. Sept. 23, 1790; d. Sept. 9, 1714.
Elizabeth, b. May 31, 1692.
Mary, b. May 14, 1694.

3. WOLCOTT, JOSIAH, of Henry, of Henry; m. Penelope
Curvin.

Elizabeth, b. March 30, 1688; d. July 12, 1702.
m. Mary Treat.
Josiah, b. Dec. 21, 1690; d. Jan. 4, 1691.
Treat, b. March 26, 1696; d. July 7, 1696.
Thomas, b. June 23, 1697; d. Sept. 13, 1697.
Mehitabel, b. Aug. 3, 1698; d. July 6, 1721.
Josiah, b. July 11, 1700; d. July 31, 1700.
John, b. Sept. 12, 1702; his son John b. Nov. 2, 1731;
d. Nov. 27, 1731.
Elizabeth, b. April 1, 1705; d. June 24, 1716.
Mary, b. July 13, 1706; d. July 29, 1706.
Treat, b. Oct. 9, 1712.

3. WOLCOTT, SIMON, of Simon, of Henry; m. Sarah Chester.

Sarah, b.   ; m. Samuel Treat.
Martha, b.   ; m. William Stoughton.
Simon.
Christopher.
Eunice.
James, b.   , 1700; d. 1743.

3. WOLCOTT, HENRY, of Simon, of Henry; m. ————.

Henry, b.	; he had a son Henry.
Thomas.	
Peter, b.	; d. 1735; had Giles.
Rachel, b.	; m. Joseph Hunt.
Gideon, b.	; m. Abigail Mather; second, Naomi
Olmsted.	

3. WOLCOTT, WILLIAM, of Simon, of Henry; m. Abiah Hawley.

Abiah, b.	; m. Samuel Stoughton of Windsor.
Lucia, b.	; m. Stephen Olmsted of Hartford.
William, b. July 21, 1711.	
Martha, b.	; m. ———— Chapin of Springfield.
Ephraim.	

3. WOLCOTT, ROGER, Hon., of Simon, of Henry; d. May 7, 1767; m. Sarah Drake.

Roger, b. Sept. 14, 1704; d. Oct. 19, 1756.
Elizabeth, b. April 10, 1706; m. Roger Newberry of Windsor.
Alexander, b. Jan. 20, 1707/8; d. Oct. 18, 1711.
Samuel, b. Jan. 9, 1709; d. Dec. 27, 1717.
Alexander, b. Jan. 7, 1712.
Infant, b. Dec. 10, 1712; stillborn.
Sarah, b. Jan. 31, 1714/5; d. Jan. 5, 1734/5.
Hepsibah, b. June 23, 1717; m. John Strong of East Windsor.
Josiah, b. Feb. 6, 1718/9.
Erastus, b. Feb. 8, 1720/1; d. May 10, 1722.
Epaphrus, b. Feb. 8, 1720/1; d. April 3, 1733.
Erastus, b. Sept. 21, 1722; m. Jerusha Wolcott; he d. Nov. 14, 1793.
Ursula, b. Oct. 30, 1724; m. Mathew Griswold, Esq., of Lyme.
Oliver, b. Nov. 20, 1726 O. S., now 1 Dec.; d. Dec. 1, 1797.

Marianna, b. Jan. 1, 1729/30; m. Thomas Williams, Esq., Brookline.

4. WOLCOTT, JOHN, of John, of Henry, of Henry; m. Hannah Newberry.

Mary, b. Sept.   , 1704.
Hannah, b.   ; m. Uriah Loomis of Windsor.
John, b.   ; m. Mary Hawley.
Anne, b. Dec. 10, 1711; m. Nath. Bancroft, Dec. 10, 1732.
Abigail, b. Sept.   , 1717; m. William Stoughton.
Jerusha, b. Jan. 18, 1719; m. Erastus Wolcott, Esq.

4. WOLCOTT, CHARLES, of John, of Henry, of Henry; m. ————.

Sarah.
Elizabeth.
George.
Mary, b.   ; m. Jonathan North.
Eunice, b.   ; m. Benoni Alcott.

4. WOLCOTT, SAMUEL, of Samuel, of Henry, of Henry; m. ————.

Abigail, b. June 3, 1707.
Oliver, b. Oct. 2, 1709; d. 1734.
Samuel, b. April 13, 1713.
Mehitabel, b. Aug. 12, 1715.
Elisha, b. Sept. 26, 1717.
Josiah, b. March 26, 1720.

4. WOLCOTT, GIDEON, of Henry, of Simon, of Henry; m. Abigail Mather.

Abigail, b. April 15, 1741; m. Charles Rockwell.
m. Naomi Olmsted.
Samuel, b. April 4, 1751.
Naomi, b. Sept. 28, 1754; m. Rev. Wm. Robinson.

Gideon, b. Nov. 28, 1756.

Elizer, b. April 12, 1760.

4. WOLCOTT, WILLIAM, Esq., of William, of Simon, of Henry; m. Abigail Abbot.

> Eunice, b. Dec. 11, 1747.
>
> Eunice, b. March 1, 1750.
>
> Abigail, b. Dec. 25, 1751.
>
> William, b. Feb. 10, 1753; m. Esther Hopkins of Castletown.
>
> Abigail, b. Feb. 8, 1755; m. Oliver Ellsworth, Esq., of Windsor.
>
> Martha, b. April 23, 1757.
>
> Abiel, b. Aug. 10, 1761.

4. WOLCOTT, EPHRAIM, of William, of Simon, of Henry; m. Maria Kellogg.

> Sarah, b. Feb. 25, 1760; m. Josiah Bissell of Windsor.
>
> Ephraim, b. Feb. 25, 1762.

4. WOLCOTT, ROGER, Hon., of Roger, of Simon, of Henry; m. Mary Newberry.

> Roger, b. Sept. 18, 1729; d. Dec. 15, 1729.
>
> Mary, b. Oct. 15, 1730; d. Aug. 15, 1737.
>
> Roger, b. June 16, 1733; d. Nov. 1, 1736.
>
> Sarah, b. June 7, 1735; m. Elisha Steel of Tolland.
>
> Roger, b. Nov. 10, 1737.
>
> Epaphrus, b. May 2, 1740.
>
> Mary, b. April 4, 1742; m. J. Goodale.
>
> Emelia, b. Oct. 20, 1744; d. Feb. 25, 1745.
>
> Parmenio, b. April 17, 1746.
>
> Emelia, b. Oct. 27, 1750; m. Marvin Lord of Lyme.
>
> Martha, b. April 23, 1753; d. May 9, 1753.

4. WOLCOTT, ALEXANDER, of Roger, of Simon, of Henry; m. Lydia Atwater, Dec. 4, 1732.

> Jeremiah, b. Nov. 14, 1733.

Alexander, b.   , 1735; d. 1756.

Lydia, b.   , 1737; m. Samuel Austin of New
Haven.

m. Mary Richards, April 3, 1745.

Esther, b. Sept. 16, 1746; d. Oct. 9, 1746.

Simon, b. Aug. 9, 1747.

Esther, b. July 17, 1749; m. Samuel Treat of East
Windsor.

George, b. May 23, 1751; d. Oct. 17, 1754 (?).

George, b. Oct. 17, 1752.

Christopher, b. Oct. 1, 1754.

Mary, b. Aug. 7, 1756; m. Elihu Griswold of Windsor.

Alexander, b. Sept. 15, 1758.

Guy, b. Aug. 7, 1760.

Elizabeth, b. Jan. 13, 1763; m. Elizur Wolcott of East
Windsor.

4. WOLCOTT, ERASTUS, Hon., of Roger, of Simon, of Henry;
m. Jerusha Wolcott.

Erastus, b. Dec. 24, 1747; d. Aug. 16, 1751.

Fluvia, b. May 27, 1750; d. Aug. 23, 1751.

Erastus, b. July 6, 1752.

Fluvia, b. Jan. 5, 1754; m. Roswell Grant of East
Windsor.

Jerusha, b. Nov. 29, 1755; m. Samuel Wolcott of East
Windsor.

Arodi, b. Sept. 29, 1759.

Albert, b. Dec. 19, 1761.

* ‡ ‖ + :: 4. WOLCOTT, OLIVER, Hon., of Roger, of
Simon, of Henry; m. Lorana Collins of Guilford, Jan.
21, 1755; she b. Jan. 1 O. S; now Jan. 12, 1731; she d.
April 19, 1794.

Oliver, b. Aug. 31, 1757; d. Sept. 13, 1757.

Oliver, b. Jan. 11, 1760; d. 1833 in New York City.

Lorana or Laura, b. Dec. 15, 1761; m. Wm. Moseley,
Hartford.

Maryann, b. Feb. 15, 1766; m. Chauncey Goodrich, Esq., of Hartford.

Frederick, b. Nov. 2, 1767 (who adds in his own hand, " and remains an old bachelor because he cannot get married ").

5. WOLCOTT, JOHN, of John, of John, of Henry, of Henry; m. Mary Hawley.

Mary, b. Dec. 9, 1736; m. Abiel Grant.
Lorana, b. June 5, 1739; m. Jonathan Bement.
Hope, b. Dec. 29, 1742; m. Nathaniel Drake.
Benjamin, b. Oct. 26, 1744.
Anne, b. March 6, 1747; m. ———— Vansant.

5. WOLCOTT, SAMUEL, of Gideon, of Henry, of Simon, of Henry; m. Jerusha Wolcott.

Jerusha, b. Oct. 8, 1775.
Naomi, b. Oct. 10, 1777.
Samuel, b. Dec. 12, 1781.
Elihu, b. Feb. 12, 1784.
Sophia, b. March 29, 1786.
Ursula, b. Nov. 17, 1788.

5. WOLCOTT, ROGER, of Roger, of Roger, of Simon, of Henry; m. Dorcas Burnham.

Martha, b. Oct. 29, 1777 (?); m. Samuel Treat, Windsor; d. April 27, 1781.
Roger, b. May 25, 1760.
Abner, b. March 12, 1762; d. May 11, 1762.
Jemima, b. May 14, 1763; m. James Steel.
Cornelius, b. July 12, 1765.
Hannah, b. Aug. 1, 1769; d. Dec. 31, 1769.
Abigail, b. Dec. 11, 1770.
Seth, b. Oct. 11, 1773.
Emelia, b. July 17, 1776; d. July 29, 1776.
Emelia, b. Feb. 2, 1779.
Oliver, b. March 6, 1780; d. April 24, 1781.
Rhoda, b. April 13, 1785.

5. WOLCOTT, EPAPHRUS, of Roger, of Roger, of Simon, of Henry; m. Mabel Burnham.

> Sarah, b. July 10, 1765.
> James, b. April 19, 1767.
> Mabel, b. March 17, 1771.
> Mary, b. July 26, 1773.

5. WOLCOTT, PARMENIO, of Roger, of Roger, of Simon, of Henry; m. Mary Ballard.

> Alfred, b. April 14, 1769.
> Parmenio, b. Dec. 17, 1770.
> Prudence, b. Aug. 21, 1772; d. Aug. 2, 1776.
> Josiah, b. April 20, 1776.
> Mary, b. Oct. 27, 1778.
> Pruda, b. May 10, 1789.

5. WOLCOTT, JEREMIAH, of Alexander, of Roger, of Simon, of Henry; m. Sarah Goodsale.

> Martha, b. Aug. 18, 1762.
> Thomas, b. Aug. 17, 1764.
> Sarah, b. May 7, 1767.

5. WOLCOTT, SIMON, of Alexander, of Roger, of Simon, of Henry; m. Lucy Rogers.

> Emelia.
> ————.
> ————.
> Alexander.
> Lucy.
> Mary.
> Lucy.
> Martha.
> Sophia.
> Catharine.
> Elizabeth.

5. WOLCOTT, GEORGE, of Alexander, of Roger, of Simon, of Henry; m. Then Rowland.

> Mary, b. Sept. 25, 1777.
> Lucy, b. Jan. 31, 1780.
> Henry Rowland, b. March 22, 1783.
> Wm. Frederick, b. June 9, 1787.
> Elizabeth, b. Nov. 14, 1790.

5. WOLCOTT, CHRISTOPHER, of Alexander, of Roger, of Simon, of Henry; m. Lucy Parsons.

> Laura, b. May 7, 1783.
> Elizabeth, b. Jan. 20, 1784.
> Christopher, b. June 20, 1786.
> Laura, b. Oct. 3, 1789.

5. WOLCOTT, ALEXANDER, of Alexander, of Roger, of Simon, of Henry; m. Frances Burbanks.

> Frances, b. Aug. 9, 1786.
> Henry, b. March 16, 1788.
> Alexander, b. Feb. 14, 1790.

5. WOLCOTT, GUY, of Alexander, of Roger, of Simon, of Henry; m. Abigail Allyn.

> Abigail.
> Abigail, b. Oct.   , 1786.
> Guy, b. Oct.   , 1788.
> James, b. Nov.   , 1790.

5. WOLCOTT, ERASTUS, of Erastus, of Roger, of Simon, of Henry; m. Cloe Bissell, Dec. 27, 1783.

> Erastus, b. Oct. 7, 1784.
> Cloe, b. April 19, 1786.
> Edward, b. Oct. 12, 1788.

5. WOLCOTT, ALBERT, of Erastus, of Roger, of Simon, of Henry; m. Hannah Lomis.

Hannah, b. May 19, 1746 (? 1786).

Albert, b. Nov. 20, 1787.

Cynthia, b. Sept. 15, 1789.

§ * 5. WOLCOTT, OLIVER, Hon., Secretary of Treasury, of Oliver, of Roger, of Simon, of Henry; m. Elizabeth Stoughton. (He died in N. Y. City, 1833, buried in Litchfield.)

§ ‖ x v 5. WOLCOTT, FREDERICK, Hon., of Oliver, of Roger, of Simon, of Henry; d. May 28, 1837; m. Betsey Huntington, Oct. 12, 1800; she b. Nov. 8, 1774; d. April 2, 1812.

> Mary Ann Goodrich, b. Aug. 9, 1801.
>
> Hannah Huntington, b. Jan. 14, 1803.
>
> Joshua Huntington, b. Aug. 29, 1804.
>
> Elizabeth, b. May 6, 1806.
>
> Frederick Henry, b. Aug. 19, 1808.
>
> Laura Maria, b. Aug. 14, 1811.
>
> m. Wid. Sally W. Cook, June 21, 1815; she b. Aug. 7, 1785; d. Sept. 14, 1842.
>
> Charles Moseley, b. Nov. 20, 1816.
>
> Chauncey Goodrich, b. March 15, 1819; d. Oct. 28, 1820.
>
> Henry Griswold, b. Nov. 24, 1820.
>
> Mary Frances, b. July 9, 1823.

6. WOLCOTT, BENJAMIN, of John, of John, of John, of Henry, of Henry; m. Abi Pinney.

> Miriam, b. Aug. 26, 1766; d. May 29, 1773.
>
> Caroline, b. Aug. 29, 1769.
>
> Elenor, b. Dec. 18, 1770; d. Oct. 18, 1776.
>
> Talcot, b. Oct. 1, 1772.
>
> Chester, b. Jan. 23, 1775.
>
> Elenor, b. Nov. 2, 1776.
>
> Benjamin, b. Dec. 15, 1778.
>
> Clarissa, b. June 16, 1781.
>
> James, b. June 23, 1784.
>
> John, b. July 23, 1786; d. May 21, 1787.

6. WOLCOTT, JAMES, of Epaphrus, of Roger, of Roger, of Simon, of Henry; m. Miriam Munsell.

Anson, b. April 9, 1787.
Epaphrus, b. April 7, 1789.

6. WOLCOTT, ROGER, of Roger, of Roger, of Roger, of Simon, of Henry; m. Mary Steel.

Maryann, b. Nov. 11, 1784.
Mehitabel, b. May 19, 1786; d. July 13, 1787.
Mehitabel, b. March 20, 1788.
Oliver, b. May 25, 1789.

With the foregoing I also found, in the handwriting of the Hon. Frederic Wolcott, the following notice of his father. (G. C. W.)

" His Excellency, Oliver Wolcott, was born Dec. 1, 1726. Soon after he graduated at Yale College took a Captain's commission in the Army and marched to the Northward at the head of his company. After he retired from service he studied physic, and soon after came to Goshen, where he proposed settling, but, being appointed High Sheriff of the County of Litchfield, he removed to this place. He exercised that office about 14 years, until he was chosen into the Council, when he resigned the office of High Sheriff. He continued a member of the Council until he was appointed Lt.Govr., which was in the year ——, in which office he continued until he was chosen Govr. in the year 1795. During the late war he was a member of the old Congress, and signed the act of Independence. In the course of the war he repeatedly marched at the head of large detachments of Militia, as a General Officer, to repel the invasions of the enemy."

WOODRUFF, MATTHEW, 1st, one of the 84 original proprie-
tors of Farmington in 1672; probably from Hartford; d.
1682; m. Hannah -————.

John, b.	, 1642/3; d. 1692.	
Matthew, b.	, 1646; d. 1691.	
Hannah, b.	,1648; m. ———— Richard Sey-	
mour, 2d.		
Elizabeth, b.	, 1651/2; m. John Broughton of	
Northampton, 1678.		
Mary, b.	, 1654; d. young.	
Samuel, b. Aug. 26, 1661; m. Rebecca Clark; d. 1742,		
in Southington.		

WOODRUFF, MATTHEW, 2d, of Matthew; d. Nov. , 1691;
m. Mary Plumb, June 16, 1668, probably at Milford.

Matthew, 3d, b. Feb. 1/8, 1668/9; d. 1751.	
Mary, b. Dec. 27, 1670.	
John, b. Feb. 1, 1672.	
Sarah, b.	, 1674.
Samuel, b.	, 1677; m. Mary Judd; he d. Nov.
27, 1732.	
Elizabeth, b.	, 1679; m. John Shepard of West-
field, Mass.	
Hannah, b.	, 1681.
m. Sarah North,	; d. 1692.
Nathaniel, b. 1686/7; removed to Litchfield.	
Joseph (baptized), b. May 19, 1689; d. Jan. 22, 1737.	

WOODRUFF, JOHN, of Matthew, Senr.; m. ————.

Mary, b.	, 1667; m. John Root, Jr.
John, b.	, 1669.
Hannah, b.	, 1671.
Phebe, b.	, 1676.
Joseph, b.	, 1679.
Margaret, b.	, 1682.
Abigail, b.	, 1684.

WOODRUFF, JOHN (Capt.), of Matthew, 2d; d. July 23, 1726, in 53d year; m. Mary Platt, Dec. 22, 1698.

> Mary, b. March 3, 1699/1700.
> Sarah, b. Dec. 20, 1701.
> John, b. May 26, 1703.
> Joseph, b. Feb. 18, 1704/5.
> Susannah, b. May 3, 1707.
> Anna, b. Feb. 25, 1708/9.
> Ann, b. March 2, 1711.
> This family probably lived in Milford, Conn.

WOODRUFF, NATHANIEL, Capt., of Matthew, 2d, from Farmington; b. 1686/7; d. Nov. 13, 1758; m. Thankful Wright, 1709, daughter Benj. and Thankful Woodward Wright of Northampton, Mass.; she d. Jan. 31, 1774.

> Eunice, b.   , 1710; m. Zebulon Gibbs; d. Dec. 29, 1793.
> Dinah, b.   , 1712; m. Benjamin Gibbs; d. Sept. 13, 1796.
> Thankful, b.   , 1714.
> Benjamin, b.   , 1715; d. March 9, 1782.
> Jacob, b.   , 1717; d. Dec. 21, 1790.
> Charles, b.   , 1720; d. Sept. 13, 1802.
> Thankful, b.   , 1722; m., first, ——— Shepard; second, Alex. Thomson.
> Sarah, b. Dec. 27, 1725; m. Gidn. Harrison; d. Jan. 17, 1799.
> Nathaniel, b. May 3, 1728; d. 1807.

WOODRUFF, BENJAMIN, of Nathaniel; d. March 9, 1782; m. Eunice Martin, Nov. 20, 1739; she d. Oct. 30, 1758.

> Simeon, b. Sept. 9, 1740; d. Oct. 12, 1740.
> Rhoda, b. May 26, 1742; m. Jonah Sanford; d. July 11, 1809.
> Simeon, b. Jan. 30, 1743/4; with Capt. Cook when killed at Sandwich Islands.
> Patience, b. Nov. 3, 1745.

Thankful, b. May 31, 1747; m. Zebulon Taylor, Jr.

Rachel, b. Aug. 31, 1750.

Jonah, b. Feb. 8, 1747/8.

Eunice, b. Feb. 16, 1754 (or 51); m. Henry Gibbs, Jr.

Benjamin, Jr., b. Nov. 1, 1752.

m. Hannah Baldwin, b. July 2, 1759.

Hannah, b. May 11, 1760; m. Enos Barnes, Jr.; d. Dec. 16, 1782.

Nathaniel B., b. Jan. 17, 1762.

Elizabeth, b. March 29, 1764.

Chauncey, b. Aug. 27, 1766.

|| WOODRUFF, JACOB, Esq., of Nathaniel; d. Dec. 21, 1790; m. Anne Griswold, Dec. 31, 1741; she d. May 27, 1754.

Theda, b. Oct. 8, 1742; m. Elihu Harrison; d. Nov. 5, 1815.

Wright, b. Aug. 10, 1744; d. April 18, 1794.

Jacob, b. Feb. 2, 1746/7; d. April 23, 1813.

James, b. Aug. 21, 1749; d. April 3, 1813.

Lydia, b. Aug. 7, 1751; d. Sept. 6, 1790.

m. Lucy Farnam, May 22, 1755; she d. Nov. 28, 1815, ae. 86.

Ann, b. April 5, 1756; m. R. N. Whittlesey.

Lucy, b. Dec. 30, 1758; m. Enos Barns, Jr.; d. June 27, 1841.

Ruth, b. Dec. 7, 1761; m. Ezekiel Trumbull; d. March 25, 1784.

Huldah, b. Sept. 16, 1765; d. April 8, 1786.

WOODRUFF, CHARLES, of Nathaniel; d. Sept. 13, 1802, ae. 83; m. Prudence Stoddard, Nov.   , 1744.

Jerusha, b. Feb. 20, 1745/6; m. B. Landon.

Electa, b. Sept. 8, 1747.

John, b. Nov. 11, 1749; d. April 21, 1769.

Charles, b. May 5, 1752; m. Eleanor Orton, Aug. 17, 1775.

Oliver, b. April 30, 1755; d. Dec. 24, 1845.

Rhoda, b. Nov. 5, 1757; d. Sept. 9, 1776.

Solomon, b. Oct. 30, 1759; m. Susannah (Susan Andrew) Woodruff.

Orange, b. Oct. 7, 1765.

WOODRUFF, NATHANIEL, Jr., of Nathaniel; d. July ,
1807; m. Mary Kilborn, Nov. 5, 1749; he m., second,
Martha Umberfield (wid.).

Sarah, b. July 13,   ; m. Ezra Plumb, Jr.

Hannah, b. Dec. 8,   ; m. ———— Pierce.

Samuel, b. Aug. 9, 1753.

Anne, b.   ; m. Abel Darling.

Thankful, b.   ; m. Nathaniel Brown.

Nathaniel, b.   ; d. ae. 14.

Sybil, b.   ; m. Levi Granniss.

Rhoda, b.   ; d. 1838.

Asenath, b.   ; m. Jas. Buel and ———— Grant.

Ezekiel, b.   ; m. Sally Hall of Middletown,
June 30, 1782.

Mary, b.   ; m. John Russell.

WOODRUFF, JONAH (Sergt.), of Benjamin; m. Mary Olmsted, Nov. 27, 1769.

Ursula, b. May 8, 1771.

Simeon, b. June 8, 1773.

Benjamin (?), b. May 12, 1778.

WOODRUFF, NATHANIEL B., of Benjamin; m. Beda Barns.

Abigail, b. Feb. 8, 1786.

WOODRUFF, WRIGHT, of Jacob; d. April 18, 1794; m.
Thankful Lindsley.

Phebe, b. Oct. 22, 1769; d. June 20, 1790.

Abraham, b. Sept. 10, 1771; d. Jan. 6, 1780.

Isaac, b. Oct. 2, 1775.

17

WOODRUFF, JACOB, Jr., of Jacob; d. April 23, 1813, ae. 66;
m. Anne Orton, Jan. 1, 1772.

Leman, b. Feb. 21, 1773; m. Rebecca Harrison, Oct.
31, 1797.
Luanna, b. Jan. 14, 1776.
Anne, b. June 16, 1778; d. Jan. 4, 1794.
Edwin, b. Oct. 24, 1782; d. Jan. 11, 1794.
Ruth, b. Feb. 1, 1785; d. Jan. 11, 1794.
Salmon, b. Nov. 3, 1787; m. Lavina Ensign, 1811.

WOODRUFF, JAMES, of Jacob; d. April 3, 1813; m. Lucy
Morris, Oct. 25, 1775; she d. April 28, 1790.

Morris, b. Sept. 3, 1777; d. May 17, 1840.
Phebe, b. Sept. 26, 1780; d. April 18, 1855.
Twins, b.   ; d. Nov. 17 and 18, 1784.
James, b. May 20, 1786; d. Oct. 1, 1826.
Lucy, b. Aug. 9, 1789; d. May 16, 1847.
m. Sarah Bartholomew, Aug. 1, 1790; she d. March 2,
1855, aged 86 (June, 1855).
Clark, b. Aug. 23, 1791; d. Nov. 25, 1851.
Edwin B., b. Dec. 3, 1797.

WOODRUFF, OLIVER, of Charles; removed to Livonia, N.
Y.; m. Annis Knapp, Dec. 5, 1785.

Hardy, b. July 16, 1786.
Sidney, b. Feb. 2, 1787.
Birdsey, b. March 3, 1791.
Olive, b. Aug. 7, 1795.
Esther Ann, b. Dec. 27, 1800.
Steptoe, b. Sept. 15, 1802.
m. Widow of Timothy Lindsley for second wife; date
not given.

WOODRUFF, SAMUEL, of Nathaniel, Jr.; removed to Gene-
see Co., N. Y.; m. Sarah Johnson, Jan. 10, 1776.

Nathaniel.
Almira.

Johnson.

Clara.

WOODRUFF, ISAAC, of Wright; m. Clarissa Peck, June 22, 1797.

> Phebe, b. Sept. 26, 1798.
> Heman, b. April 24, 1800.
> Wright, b. April 1, 1802.

‡ ‖ WOODRUFF, MORRIS, of James; m. Candace Catlin, Nov. 21, 1804; d. July 22, 1871.

> George C., b. Dec. 1, 1805; d. Nov. 21, 1885; m. Henrietta S. Seymour.
> Lucy M., b. July 1, 1807; d. Oct. 20, 1894; m. Origen S. Seymour.
> Lewis B., b. June 19, 1809; d. Sept. 10, 1875; m. Harriette B. Hornblower.
> Reuben M., b. May 8, 1811; d. April 29, 1849; m. Eliza R. Thompson.
> James, b. Jan. 1, 1813; d. Jan. 15, 1813.
> Infant, b. Nov. 9, 1818; d. same day.

WOODRUFF, JAMES, of James; m. Lucretia Catlin, Nov. 17, 1812; she b. April 29, 1791; d. Feb. 26, 1856.

> Lucius H., b. Nov. 30, 1813; d. May 20, 1852.
> James Catlin, b. Aug. 27, 1815; d. July 21, 1899.

WOODRUFF, CLARK, of James, Sr.; removed to Louisiana; m. Matilda Bradford.

> Octavia, who married Leo Besancon, and had Leoline B., Julia, Octave, and Clark.

WOODRUFF, LUCIUS H., of James; removed to Hartford, Conn.; m. Julia M. Southmayd, March 27, 1844; she b. June 9, 1810; d. Oct., 1894.

WOODRUFF, JAMES C., of James; removed to Elizabeth, N. J.; m. Elizabeth O. Langdon, Aug. 20, 1839; she d. March 14, 1865.

WOODRUFF, SAMUEL, from Milford; d. July 17, 1772; m. Anne Nettleton.

> Samuel.
> Nathan.
> Philosebius.
> Andrew.
> John.
> Levi.
> Simeon.
> Elisha.
> Anne.
> Susan or Susaandrew or Susan Andrew.
> Martha-Patty.

WOODRUFF, SAMUEL, of Samuel; m. ———— Blanchard.

> Chauncey; removed to Wayne Co., Pa.
> m. Anna Campbell, widow of Agnew Campbell.
> Charles.
> Samuel A.; removed to Rochester, N. Y.
> Eliza; m. Geo. W. Munn of Jonesville, Mich.

WOODRUFF, PHILO, of Samuel; m. Huldah Orton, Nov. 3, 1779.

> Theda, b. June 13, 1780.
> Simeon, b. July 26, 1782.
> Levi, b. May 17, 1784.
> Catharine, b. July 6, 1786; m. James Kelley, April 6, 1807.
> Philo, b. May 4, 1788; d. Dec. 16, 1810.
> David, b. May 13, 1790.
> Amanda, b. Nov. 5, 1794.
> Huldah.

WOODRUFF, JOHN, of Samuel; m. Sally E. De Forest.

Denman; b.
John A., b. Sept. 24, 1797.
Sterling.
Ann.
Mary.
Sarah.

WOODRUFF, LEVI, of Samuel; m. Hannah Selkrigg, Oct. 1, 1787.

Henrietta, b. Dec. 15, 1788.

WOODRUFF, ANDREW, of Samuel; m. Miranda Orton.

Asenath; m. Daniel Marsh.
Rhoda.
Ruth.
Samuel.
Andrew.
Miranda.
Elisha.
Susan.
Luman.
Fanny.
Lewis H.
Jeremiah.
Huldah I.
William.
Irene.
Olive; m. Stephen Sanford.
Rhoda and Ruth were twins, and married Benjamin and David, twin sons of Benjamin Gibbs.

WOODRUFF, SAMUEL A., of Samuel, of Samuel; m. Mary Ann Harding of Montreal, Dec. 18, 1833.

Charles H., b. June 7, 1835.
Lavina Ann, b. Jan. 16, 1837.

Alfred H., b. March 28, 1838.

Martha Ann, b. Dec. 13, 1841.

Lavina Ann, b. Feb. 27, 1845.

Myra Theresa, b. Jan. 3, 1847.

(The families of Samuel, of Samuel, and that of Samuel A., of Samuel, of Samuel, were given me by Samuel A. Woodruff, August, 1851. G. C. W.)

§ V ‖ :: WOODRUFF, GEORGE CATLIN, of Morris; m. Henrietta Sophronia Seymour, Sept. 28, 1829.

> Henrietta Selima, b. April 11, 1831; d. July 30, 1834.
>
> George Morris, b. March 3, 1836.

WOODRUFF, LEWIS BARTHOLOMEW, of Morris; removed to city of New York; m. Harriette Burnet Hornblower, Nov. 4, 1835; she d. April 5, 1868.

> Charles Hornblower, b. Oct. 1, 1836.
>
> Morris, b. July 30, 1838; d. March 3, 1894.
>
> Mary Burnet, b. June 27, 1842; she m. Courtlandt G. Babcock, Feb. 21, 1871; he d. April 1, 1896; they had —
>
> > Lewis B. Woodruff, b. Dec. 7, 1871; d. July 14, 1872.
> >
> > Harriette Woodruff, b. Feb. 2, 1876.
> >
> > Harry Woodruff, b. Oct. 10, 1877.
> >
> > Son, b. Oct. 20, 1880; d. Oct. 26, 1880.
> >
> > Courtlandt Woodruff, b. Aug. 29, 1882.
> >
> > Mary Woodruff, b. Aug. 18, 1884.

WOODRUFF, REUBEN MORRIS, of Morris; m. Eliza Reeve Thompson, Oct. 13, 1842; she d. Oct. 7, 1895.

> Harriette Thompson, b. Aug. 6, 1843; d. Oct. 17, 1889.
>
> Henrietta Eliza, b. July 1, 1846; d. Nov. 25, 1862.
>
> Harriette, m. E. Barstow Kellogg, June 23, 1880, and had Mabel Fidelia, b. Aug. 30, 1883.

÷ ‖ § WOODRUFF, GEORGE MORRIS, of George C.; m.
Elizabeth Ferris Parsons, June 13, 1860.

> George Catlin, b. June 23, 1861.
> Eliza Parsons, b. Nov. 12, 1865.
> James Parsons, b. Oct. 30, 1868.
> Eliza, married Alexander McNeill, June 13, 1894, and
> has Mildred, b. Sept. 9, 1895.
> Elizabeth, b. July 14, 1897.

WOODRUFF, CHARLES HORNBLOWER, of Lewis B.
(New York city); m. Catharine G. Sanford, June 30, 1863.

> Son, b. March 7, 1866; d. same day.
> Lewis Bartholomew, b. Jan. 1, 1868.
> Frederick Sanford, b. Oct. 21, 1869.
> Charles Hornblower, b. April 13, 1872.
> Edward Seymour, b. Dec. 23, 1876.

WOODRUFF, MORRIS, of Lewis B. (New York city); m.
Juliette A. Lane, Oct. 8, 1863; she d. April 6, 1896.

> Harriet Burnet, b. July 23, 1864.
> Nellie Lane, b. Nov. 5, 1867.
> Morris, b. May 23, 1870; d. Dec. 31, 1897.
> Geo. W. Lane, b. May 12, 1874.

WOODRUFF, GEORGE CATLIN, of George M.; m. Lucy
Este Crawford, Nov. 5, 1889.

‖ WOODRUFF, JAMES PARSONS, of George M.; m. Lillian
Churchill Bell, Feb. 12, 1895.

> Lillian Bell, b. Aug. 23, 1897.

WOODWORTH, JONATHAN; m. Sarah Culver, Nov. 27,
1788.

> Charles, b. Oct. 4, 1790; d. June 7, 1851, in Illinois.

WOOSTER, BENJAMIN; m. Anna.

> Ephraim; removed to Charlotte, Vt.
>
> Lemuel.
>
> Thankful; m. Chas. McNeil, Feb. 3, 1773.

WOOSTER, LEMUEL, of Benjamin; m. Rebecca Gillett, Jan.,
1782; she d. Dec., 1786.

> Clarissa, b. Nov. 13, 1782.
>
> Jeremiah, b. Feb. 21, 1785.
>
> Henry, b. Nov. 25, 1786.
>
> m. Levina Judson, July 20, 1789.
>
> Rebecca, b. April 17, 1791.
>
> Lewis, b. April 13, 1793.
>
> Anna, b. March 17, 1795.
>
> Lyman, b. March 9, 1798.
>
> Harriet, b. Aug. 23, 1800.
>
> Judson, b. May 13, 1803.
>
> Fanny, b. Oct. 9, 1806.

The late Hon. Geo. C. Woodruff prepared in 1849, chiefly from
information given by Abel Catlin, M.D., a list of most of the dwell-
ings then standing in the village of Litchfield. This was enlarged
by the late Hon. Seth P. Beers by the addition of stores, offices,
public buildings, and some other dwellings, and was printed in
1862 with the charter and by-laws of the village. In the list here
given the name of occupant, or description, in the left-hand column
is that of the list of 1849, except where a * is prefixed. (G. M. W.)

NORTH STREET, WEST SIDE, BEGINNING AT CORNER OF
WEST STREET.

Occupant or Description.	Erected.	By whom Built.	Owner in 1900.
County Jail,	1811	Litchfield County,	Litchfield County.
Drug Store,	1784	Samuel Sheldon,	John L. Buel.
Banking House,	1815	Phœnix Bank,	First National Bank.
Wessells house,	1765	Lawrence Wessells,	Torn down.
Samuel Buel, M.D.,	abt. 1821	Samuel Buel, M.D.,	Torn down.
A. Norton house,	abt. 1762	Jas. Kilborn,	Torn down.
Tallmadge house,	abt. 1775	Thomas Sheldon,	Emily N. Vanderpoel.

Occupant or Description.	Erected.	By whom Built.	Owner in 1900.
Mrs. Beeman and			
Mrs. Hollister,	1849	Mrs. Brisbane,	Wm. H. Braman.
Judge Gould house,	1760	Col. Elisha Sheldon,	Prof. J. M. Hoppin.
Abel Catlin, M.D.,	1800	John Allen,	Fred'k Deming.
Uriel Holmes house,	abt. 1755	Mark Prindle,	Burned 1840 odd.
Theron Beach,	1783	Daniel Sheldon, M.D.,	Frederick Sheldon, occupied by Mrs. Child.
Miss Pierce,	1800	Miss Pierce,	Torn down.
*Miss Pierce's Academy,	1827	Academy Association,	R'mv'd,Henry R.Jones.
Brace house,	abt. 1750	Zebulon Bissell,	Torn down.
Wm. Deming,	1771	Lynde Lord, Sr ,	Mrs. E. L. Ferry.
Beecher house,	1774	Elijah Wadsworth,	Part remv'd to " Spring Hill," J. L. Buel.
*Jos. Fanning,	1830	Erastus A. Lord,	Removed.
Jona. Carrington,	1781	Eli Smith,	Torn down.
Stephen Deming,	1778	Alexander Catlin,	M. W. & K. L. Buel.

NORTH STREET, EAST SIDE, BEGINNING AT CORNER OF
EAST STREET.

O. S. Weller,	1792	Charles Butler,	Episcopal Society.
*Ladies School,	1854	Sylvester Spencer,	Frank W. Humphrey.
Lucretia Deming,	1793	Julius Deming,	J. Deming Perkins.
Asa Bacon,	abt. 1770	Reuben Smith,	Mrs. Henry R. Coit.
J. C. Wadsworth,	abt. 1811	Col. Tallmadge's store,	Rmv'd, H.D. Kilbourn.
Chas. L. Webb,	1830	Chas. L. Webb,	Mrs. D. D. T. McLaughlin.
Andrew Adams house, Chas. Jones,	1765	Michael Dickinson, rebuilt by Chas. Jones,	Mary M. Jones.
John C. Riley,	1828	Leonard Goodwin,	Fredk. D. McNeil,
Charles Perkins,	1833	Julius Deming,	J. Deming Perkins.
Judge Church,	1831	Rev. L. P. Hickok,	Chas. B. Bishop.
John R. Landon place,	1785	Oliver Boardman,	A. A. Lord,

EAST STREET, NORTH SIDE, BEGINNING AT CORNER OF
NORTH STREET.

Luke Lewis,	1782	John Collins,	Mary Phelps.
*U. S. Hotel,	1787	David Buell,	Campbells.
*Wing of Beers house,	1802	Roger Skinner, Office,	W. W. & W. J. Bissell.
S. P. Beers house,	1787	Timothy Skinner,	W. W. & W. J. Bissell,
*Cong. Church,	1828	Cong. Society,	Removed 1871, new church built 1872.
Reuben Merriman,	1807	R. Webster, and by R. M. 1839,	Jas. T. Sedgwick.
Edwin B. Webster,	1784	Frisbie, enlarged 1816 by R. Webster,	Webster Estate.
C. L. Perkins,	1786	Litchfield County,	Torn down; Center Schl.

EAST STREET, SOUTH SIDE, BEGINNING AT CORNER OF SOUTH STREET.

Occupant or Description.	Erected.	By whom Built.	Owner in 1900.
Samuel P. Bolles,	1812	Dea. Wm. Collins,	Mary C. Hickox.
A. S. Lewis, M.D.,	1814	Chas. G. Bennett,	Cornelia B. Hinsdale.
John Bissell,	1817	John Bissell,	Mary D. Colvocoresses.

SOUTH STREET, EAST SIDE, BEGINNING AT CORNER OF EAST STREET.

Oliver Goodwin,	abt. 1759	Ebenezer Marsh, Jr.,	Torn down 1899.
Chas. L. Webb,	1819	Chas. L. Webb,	Henry W. Wessells.
*Seymour's offices,	1846	Origen S. Seymour,	Geo. M. Woodruff.
*St. Michael's church,	1851	On site of that of 1812,	Episcopal Soc'y.
S. N. Bronson,	1785	James Stone,	Mrs. S. N. Bronson.
Bronson's Store,	1819	Phineas Minor's Law Office,	Mrs. S. N. Bronson.
Abm. C. Smith,	1780	Benj. Hanks,	Esther S. Champlin.
Huntington's Office,	1831	Jabez W. Huntington,	Roman Catholic Parsge.
Ben. H. Morse,	1832	Alanson Abbe, M.D.,	Wm. H. Sanford.
Oliver Wolcott, Sr., house,	1755	Oliver Wolcott, Sr.,	Alice Wolcott.
Wm. Buell, M.D.,	1773	Capt. Phineas Bradley, finhd.by Eph.Kirby,	Harriet B. Belden.
Mrs. Parmellee,	1744	Capt. Bradley, Dr. Little, and Dea. Ozias Lewis,	Torn down.
Ozias Lewis,	1802	Ozias Lewis,	C. R. Duffie.
Ezra Buel,	1793	Horace Baldwin,	W. G. Rosbach.

SOUTH STREET, WEST SIDE, BEGINNING AT CORNER OF WEST STREET.

*Mansion House,	1801	Grove Catlin,	Burned 1888.
J.G.Beckwith, M.D.,	1814	Moses Seymour, Jr.,	J. G. Beckwith, 2d.
Origen S. Seymour,	1807	Ozias Seymour,	Morris W. Seymour.
Major Seymour house,	1735	E. Marsh, Sr., or Thos. Grant, torn down 1855,new house same site,	Geo. M. Woodruff.
Geo. C. Woodruff,	1829	Elihu Harrison,	Jas. P. Woodruff.
Samuel Seymour,	1784	Samuel Seymour,	Episcopal Parsonage.
Judge Reeve house,	1774	Judge Reeve,	Chas. H. Woodruff.
Mrs. Morris Woodruff,	1833	Lyman J. Smith,	Mrs. J. H. Hubbard.
"Parson" Jones' place,	1800	Rev. Dan. Huntington, burned in 1862 and rebuilt by the Misses Scott, enlarged and now owned by Chief Justice Andrews.	
*Henry Bissell,	1847	Henry Bissell,	John Lindley.

Occupant or Description.	Erected.	By whom Built.	Owner in 1900.
Oliver Wolcott, Jr., house,	1799	Elijah Wadsworth, enlarged 1817 by O. Wolcott, Jr.,	Col. Geo. B. Sanford.
*Michael Harrigan,	1859	M. Harrigan,	Mrs. Harrigan.

Gov. Wolcott's office, built in 1797, was removed by M. Harrigan and enlarged for a dwelling house in 1859.

SOUTH STREET, OLD ROAD, EAST SIDE.

John Phelps,	1794	Abner Baldwin,	Thomas Alymer.
Michael Powers,	1761	William Marsh,	Mrs. King.

WEST STREET, SOUTH SIDE, BEGINNING AT CORNER OF SOUTH STREET.

Court House and Town Hall,	1797–8	County and Town.	County and Town.

Burned in 1886 and rebuilt in 1888 in wood by town. Burned same year and rebuilt in 1889 by town in stone.

Bolles House,	1794	Ebenezer Bolles,	Removed.
Mrs. Truman Marsh,	1798	Joseph Adams,	Chas. M. Ganung.
Mrs. S. E. Cheney,	1799	Arad Way, 2d story Cheney,	Mrs. E. P. Cheney.
Joseph Adams,	1805	Joseph Adams,	Torn down.

WEST STREET, NORTH SIDE, BEGINNING AT NORTH STREET CORNER.

Mrs. Fanny Morse,	1780	Eli Smith,	George Kenney.
Stephen Trowbridge,	1786	Abraham Bradley,	Torn down 1892.
Charles Adams,	1786	Amos Galpin,	Mrs. J. L. Judd.
Day House,	1786	David Pierpont,	Mrs. J. B. Newcomb.
F. D. McNeill,	1782	Amos Galpin,	Torn down.
Ward House,	1782	Abel Darling,	Page & Pratt.
Henry Ward,	1840	Mrs. Negus.	

The Law Office of Judge Reeve, which stood on the grounds of his house on South street and which was built about 1774, was removed in 1840 by Mrs. Negus to the present site and enlarged for a dwelling ; now owned by Mrs. Mary C. Daniels.

PROSPECT STREET.

Cong. Parsonage,	1786	Reuben Webster,	Mrs. Wm. H. Maxwell.

TORRINGTON ROAD, FORMERLY CALLED VILLAGE STREET.

Rhoda Taylor,	1784	Daniel Starr, removed from East street,	Mary A. Hawley.